水木书香

与学生书

春叶秋叶菩提叶

（增订版）

李琦 著

清华大学出版社
北京

图书在版编目(CIP)数据

与学生书：春叶秋叶菩提叶/李琦著.—增订版.—北京：清华大学出版社，2017
(水木书香)
ISBN 978-7-302-48546-9

Ⅰ. ①与…　Ⅱ. ①李…　Ⅲ. ①高等教育—文集　Ⅳ. ①G64-53

中国版本图书馆 CIP 数据核字(2017)第 237795 号

责任编辑：朱玉霞
封面设计：阿　东
责任校对：王荣静
责任印制：李红英

出版发行：清华大学出版社
网　　址：http://www.tup.com.cn，http://www.wqbook.com
地　　址：北京清华大学学研大厦 A 座　　**邮　　编**：100084
社 总 机：010-62770175　　**邮　　购**：010-62786544
投稿与读者服务：010-62776969，c-service@tup.tsinghua.edu.cn
质量反馈：010-62772015，zhiliang@tup.tsinghua.edu.cn
印 装 者：三河市铭诚印务有限公司
经　　销：全国新华书店
开　　本：155mm×230mm　　**印　张**：14.25　　**字　　数**：185 千字
版　　次：2017 年 11 月第 1 版　　**印　　次**：2017 年 11 月第 1 次印刷
定　　价：59.00 元

产品编号：068981-01

代序一：吾道不孤

李琦兄旧作新版，约我写几句话，我当即答应。

有一年国涌兄来厦门，我初见李琦，匆忙一面，未及细聊，但他早年在厦大的经历，我早有耳闻，内心极为钦佩。因为同在一校，时相过从，每见李兄，我脑海总浮现向子期《思旧赋》“余与嵇康吕安居止接近”那句话。

李琦兄是厦大本科，这是他的最初学历，也是他的最后学历。他毕业后即留校，三十几年过去，可说是厦大资历最深的教授了。他对厦大的感情极深，非一般人可比，在他身上我真正感觉到了“南方之强”的精义，“宽柔以教，不报无道”。

如今长期在大学里混的人，哪个不是博士？但李兄依然是纯洁的“本科”，这说起来容易，但真正能特立独行，则需相当自信。按说以李兄多年在学校的资历，随便混个博士并不难，但李兄的选择是“质本洁来还洁去”，好在厦大的宽容能让他这样的教授保持住自己的独立和节操。我们可由本书中写故校长林文庆、萨本栋的那些文章感受他对老厦大精神气质的怀想，所以我常常感叹李兄是一个生错了时代的人，或者说他是一个在错乱时代里内心依然保持了传统精神的文人。

我与李兄偶尔小酌，有两个细节可见他的气质。某年有个学长回厦大做了高官，李琦兄见他的第一句话是：“欢迎你回来工作。”平实言语中透出的是对母校和同学情谊的珍重，不高仰官员的爵位，也不放低同学的身段。另一个细节是我听来的。李琦兄在机场过安检，安检要他转身，李兄的答复是“你转过来”。李兄是法学出身，他的严谨和细密于此可见，对规则和公理的崇尚已然成为内心的自然流露。

李琦兄辩才无碍，文笔口才都来得。他喜欢讲课远胜于做所谓的科研，在当今的高校里能有这样自觉选择的教员也不多见。这是一个功利的时代，能从容相当难，但李兄很从容，他不要任何国家的课题，他做自己喜欢做的事，这可能在一定程度上影响了所谓的学术地位，但李兄能坦然面对。这个时代，所谓的学术有那么重要吗？我认同李琦兄的判断，保持精神的独立，保持内心的自由，方可谓真正的学术精神，舍此则学术又有何益？

李兄虽是老厦大人，但我感觉他甘居边缘。我是阴差阳错，误撞进厦大的外人，教书虽已近十年，但依然是边缘之外，李兄能理解我的处境，体谅我的困境，在许多人避之唯恐不及的时候，主动提出由我来写几句话，这不仅是友情，更是道义，我有吾道不孤之感。

多年之后，如果想了解真正的厦大，最需要看的可能不是所谓的学术著作，而是李琦这本充满感情的书，我深信不疑。

谢　泳

2016年4月26日于厦门

代序二：书生有本色

李琦兄是个书生！书生自鹭岛海边“寄”来《与学生书》五卷，对岸客居宝岛台湾的我，一周中连读两过，感动无比，敬佩无已。毕竟是书生，书生有本色。今天的大学，正是有这样的书生，才显得格外的温暖温和温情。

不知道什么时候起，书生这个词与“迂腐”“百无一用”都没人说了，书生成稀有动物了。如今遍地的教授、博士、博士生导师，书生在一夜之间好像消失了十之八九；现在比雪花还多的便是“教授们”一篇篇的学术论文，有读得懂的也有读不懂的，而十之八九的文字中，从头读到尾，人找不到了。李兄没有读过博士，却是个教授；是个教授，却既被动又主动地不招研究生了；是个法学教授，却花很多时间上“辩论与演讲”等公选课，花大量精力由超星录制视频《李琦讲华夏人文地理》。总之，他是大学里的一个怪人，现在一般大概只称这样的怪人为书生。我常常羡慕以前的大学中生活着的那一群怪人，一个个古里古怪的教授。在大家都剪成短发的校园里，辜鸿铭王国维拖着长长的辫子；让大家学习着世界最先进的工科知识的校园里，唐文治同时让学生摇头晃脑读古文，说这是“正人心，救民命”。近来在台湾大学一次聚餐中认识中文系的名誉教授曾永义先生，七十多岁的戏曲研究名家，一见面就力邀我加入“酒党”，并告诉我说，他是酒党党魁，廖美玉教授（和我喝过一顿酒的）是酒党中地位崇高的“长公主”！我快笑得绝倒，多可爱的怪老爷子！大学就是因为有了这样的怪人和一群二十多的青年一起朝夕摩荡，才会有这不同于衙门的朝气。也只有大学似乎才可以容得下这样的怪人，李兄到了七老八十时，不知道会不会也组建一个酒党什么的来……

不去想李兄老了的怪样子，也没见过他青年时的狷狂情貌(一般怪人年轻多狷狂)，我见到他的时候，他已是壮年。那是辛卯夏杪，晚饭后，华东师范大学教授吴刚兄陪着中华名辩盟的几位同仁来敝舍杕庐喝茶，记得那次同来的有西安交大韩鹏杰、张爱萍、徐丽丽，澳门大学张学森、重庆大学张邦辉，还有一位武汉大学的团委副书记，忘了名字，后来没有联系过，后来联系最多的是李琦了。

第二次与李兄见面是甲午菊月，我去厦门讲课，在厦门大学校门口约了见面。他带着我们开车在最美丽的海边大学中兜了一圈，然后，下车来走，一边走一边讲。群贤楼与建南楼、芙蓉湖和情人谷，原原本本，好像厦门大学中的每一棵树他都爬过，每一幽美佳处他都印过屐痕。我不敢说，他是厦门大学中最潇洒最雄辩的教授，但我敢说，他是厦门大学中最爱厦门大学的教授之一。那种讲述这些地方曾经的往事种种时的神情那么虔诚那么神圣，令我们几位同行的老师为之动容。后来，我们坐在了上弦场的台阶上，聊天。那天，却有一弯下弦月当空。我们坐在建南楼群掩映下的台阶上，傍着因明学家虞愚手书之联，“自饶远势波千顷，渐满清辉月上弦”。他说，他会在有月亮的时候，带着学生在这里喝酒论学。与学生喝酒雅集，这是一种大学应该有的师生风雅；把酒述学讨论人生，这才是个大学的风景。听着他这样不紧不慢地说来，我们似乎都沉浸其中了。

李兄对这芙蓉园里的一草一木都满怀着深情，仿佛这些山石花卉满是他身边的知己。1980年，年未成丁，他懵懵懂懂从闽东的乡村，带着泥土的气息，来到了这充满朝气的青青校园。屈指算来，三十多年了！他的精神栖息于这芙蓉园，并与之融为一体了。那些曾经在那个少年时代烛亮他人生的老师们，慢慢地将在秋风中凋落，他要告诉未来的学生：你们要记住他们的名字。这便是现在日益消失的大学的师道与学统！我一直说，大学，没有师道尊严，与养猪场无异！李兄笔下的自己和他的师尊们，都值得我们今天大学里的孩子们好好尊重，他们对待学问人生待人接物对世界对自己都无愧于书生！读了李兄《与学生书》第一卷，我才知道我所知道的古代文史专家陈朝璧先生更是一位著名的法学家，且是以治罗马法享誉学林者，试想今天的大学还会有这样的教授出现吗？为什么没有呢？学统的丢失！我很赞同李兄所说的“业师”，真正的从自己的老师那里获得对学问如事业的敬诚，才算是有了学业。现在大学往往只是给了学生学位，没有给他们学业。那种以学问为事业的真诚，我们忽视了。现在很少有大学生，入了大学后，佩服一位教授的学问人品，亲其师信其道，终生相随，学问人品均能得衣钵有真传。几位老师、一群弟子，同门相切磋，学统有继承，学问得发展，学派有学术。如今呢，往往是学生跟老师在一起听个一年半载的课，商量一个题目，写一篇外审内评通得过的论文，三五年便发出一张证书。然后四散而去，各自谋食一方，现在绝大多数大学规定自己的硕士博士毕业时不能留本校教书的。三五年真的想得一门学问或一位老师的真传精髓，我想至少文科是不行的。起码的学术训练都不能够来过一遍，今天大学的硕博士制度和人事规定过于西方化和理工科化。文科而言，非但老师的学问传不下去，老师的为人也不能得浸染其一二，学业何在？学统何存？读书的种子还能保存吗？学子还有吗？师道尊严还有吗？李兄笔下的学统中的那些“师尊”们，他历历写来，从校主陈嘉庚到校长林文庆、萨本栋，到自己亲炙座前的张立、李景禧、何永龄诸教授，甚至远至他的小学、中学老师。字里行间，可见出李兄是一个赤诚学子！只有赤诚学子才能成为书生。

成为书生的李兄希望他所有的学生也都成为赤诚学子。在厦门大学这所充满悲悯与传奇的学园中，新生的讲座，李兄很是热衷，几乎年年予焉。金秋是赤诚的大地向浩荡的青天袒露出全部襟怀的时候，这时候，李兄的心胸向每一位踏进芙蓉园的新生敞开来了，以一位先行者的纯雅之音（李兄的声音确实也很有磁性）告诉这些孩子如何面对自己的这四年时光。是真的，大学是人生中最流金的美妙时光，最自由最纯粹的岁月。经过了十二年苦不堪言的中小学，到了大学，新生们往往不知道该干什么了，前路一片迷茫。在今天给大学生的首先绝不是那张课表，而是唤醒他们人生的觉悟。对一个人来说，觉醒，在大学比什么都重要！觉醒了，才能真正的理解：自由之思想，独立之精神；觉醒了，才会去畅想自己美好的人生路旅；觉醒了，才会在这四年孕育出美好的人格。李兄时时告诉孩子，知识与专业，大学与人格，自己与世界，这一切都需要独立的思考与觉悟，一番觉醒才会迎来一番进步。

大学生的觉醒应该从阅读开始，纯粹精神活动的阅读是让一个少年脱胎换骨的必经途径。大学的大门无法拒绝入门的孩子，也不应该拒绝来求知的任何人。不管你从哪里来，但是你走出去的时候，不能只多了两张上岗证书，而应该是一个接受过高等教育的不同的人，一个有着社会精英素养的公民。腹有诗书气自华，读书明理明智明心，安坐静读，且随处可见，这才是大学最美丽的风景。李兄是个读书人，他读过的法学专业书，我不知道有多精深宽广。在交往中，听他聊起文史类著作来，说他是中文或历史系的教授，绝无人怀疑的。以自己的读书甘苦告诫孩子们，培育一个个大学中的“好学生”，而不是像训练技术工人一样的训练“好考生”。用书去改变学生的心性，与崇高对话，才不致堕落为一个精致世俗的善于配合的功利主义者。李兄是经师更是人师！呵护书的尊严就是捍卫道的尊严，就能保住人性中最温暖的那一面。读书会使人的心底柔软起来。

我始终想不到柔软温和的李兄竟然是厦门大学辩论队的教练，是中华名辩盟的监事长。好像现在他在辩论界的大名已经快要淹没他在法学界的建树了。还是夫子自道的好：“面对大千世界，需要选择、取舍；若是取舍不当，便往往误入歧途。要选择，就需要辨。辨析，以清晰地了解人、事、物；辨别，以使彼一人、事、物与此一人、事、物不混淆；辨识，乃将彼、此之独特性揭示；而后，乃可辨正。”坦率地说，我一直不赞成我的学生在大学整天去搞什么辩论的，我总是告诉他们还不如好好读几本书去。我的个性如此吧，喜欢自己想明白问题就行了。甚至自己想明白了问题只要在课堂上讲讲就行了，没必要一定要写出论文来发表，有写论文的时间还不如去多读几卷书的好。因此连带着对好辩的孟子假装着说："予岂好辨哉？予不得已也。"也没什么好感。我喜欢孔子的自说自话，不喜欢见谁都要去辩驳一番的孟子，虽滔滔如江河泻下，终与我的性格有一"隔"。于是，《与学生书》第四卷，我认认真真地读了三遍，虽然唤起了当年"亚洲大专辩论赛"的回忆，我还是不太赞成他所倡导的辩论，因为他把辩论的概念扩大化（虽然没有泛化）了，强调辩而后论，重辩再论，这已不是我们一般认为的辩论了。当我读到他对在大学生（这是一个有着精英培养潜质的群体）中倡导辩论的意义与价值的时候，我竟然同意了他的观点。若在辩论场上，我想我是会举手赞同（认输）的。试看他的论点："以理想主义情怀和自觉的责任感表达他对公共生活的理性思考的辩手，无疑是充满力量的。如果说'力量越大，责任越大'是一种伦理信条，那么我乐意改造这一表达方式来作为一种人生态度：责任越大，力量越大。我希望每一位辩手，因为怀抱理想和责任而内心充盈、强大；我希望每一位辩手，因内心的充盈、强大而在他走出校园步入社会之后，善于和勇于担当起对公共生活发表意见的责任，乃至成为意见领袖。"在所有讨论大学生应该去参加辩论赛的论点中，我在心底都没有推倒"逞一时口舌之快，何益"的观点！但这一次我被李兄说服了。确实中国的大学生需要这样的培养内容，他们在走向社会之后就不会只是单个的个人，而是一个独立的个体，一个社会群体中的独立的公民。我于是也就认同了他引述的尹德刚教授的话："辩论赛是一种教学活动。"

在大学，真正的教学活动必然要指向一个独立个体丰富的人生。读书不是为了端一个饭碗的，读书不是为了和别人去比较分数高低和财富多少的，读书不是为了发大财做大官娶美人的。我承认考个好成绩而能端稳一个饭碗，获得金钱和官阶、美好伴侣的正当性和合理性，但是一个大学生的读书若不为了人生，大学教学活动若不指向高贵的人格，那么，大学真的就是堕落了。1916 年蔡元培当年在北京大学开学典礼上警诫学生们的话犹然在耳：“若徒志在做官发财，宗旨既乖，趋向自异。平时则放荡冶游，考试则熟读讲义，不问学问之有无，惟争分数之多寡；试验既终，书籍束之高阁，毫不过问，敷衍三四年，潦草塞责，文凭到手，即可借此活动于社会，岂非与求学初衷大相背驰乎？光阴虚度，学问毫无，是自误也。”现在，大学生读法科大多数真的就是为了做官，读商科则为了致富，李兄在学生走出校门的时候，用一颗赤诚的心捧出了一卷《与学生书》，殷殷拳拳，旨在“为一个民族守护其文化血脉”，“勉力守护一个时代的心灵”。读到这一卷，我最为感动，一位教师，他承担的不仅仅是知识传递，更是一个民族文化的传承，一个时代美好心灵的守护！让开启成人生活的学生明白人生的要义，敬业乐群，有修养有个性，让阅读成为自己的一种生活方式，这是一个大学老师在送大学生们走出校门时作为长者才应该讲的话！对比一下，近二三年来，网红的大学校长们的幽默毕业典礼致辞，我很脸红，不知道为谁？

我在大学做班主任的时候面对学生经常会脸红，因为中文系班上的学生十之八九是女生。所以有时为了更好地沟通，我便把想到的问题以书信的方式写下来，发给他们看。我前后做了五届班主任，创办过文学院学生读书会“礼拜三”，至今还是个有活动的学生组织。给我自己班上的学生（孩子们，我喜欢这样喊他们）的信也有过五六十封，大多千字左右的短简。乙未初春，已经不做班主任三年的我，与李兄又重逢在厦门杯酒畅谈时，获他赠数年前清华大学出版社的《与学生书》。一翻看就喜欢，趁着酒兴，主动请缨说，为《与学生书》写一篇书评。

原版的《与学生书》为“六书”，不由得想到了，冯友兰当年著《贞元六书》，融通中西哲学而开掘新时代的传统思想的价值。我酒酣时戏说于李兄，两种“六书”均旨在“为天地立心，为生民立命，为往圣继绝学，为万世开太平”。一着力于思想一落实在育人，殊途而同归。李兄谦虚说，成就远不能相比，心之出发处倒真是一样的。

我向来酒醺时允诺甚至主动答应的稿子，酒醒后就开始赖账的。这个书评当然一直赖账，直到来台湾大学访学前一个月，李兄来电说，清华大学出版社要出修订版了，书评不要写了吧，直接写出来作序吧。这下我倒真的惶恐起来了，与兄虽为莫逆，但他长我十岁，为名教授。我来作序，无异佛头着粪。来台湾一个月后又接到催稿短信，便假作害羞状的推说“来台匆忙未能带上尊著”。不料，晚上电子邮箱便有了《与学生书》清稿，李兄删繁就简，去重存菁，约成五卷。发卷一路读过去，除了感动还是感动，除了感慨还有感慨。不禁想念起海峡对岸的那个怪怪的法学教授李琦兄来了。

是为序。

陈国安

丙申仲冬京口陈国安时客台北

自序：一个人，路边树

这一册《与学生书》的缘起与作成，时空上颇有些巧合。

那一日，我随学生们出省城福州，北向越北峰，到了一处不大的山间盆地。他们毕业二十周年聚会，我欣然参与。进入这处潘渡溪流经的盆地时，我突然兴奋起来，以为这一趟，实在偶遇、有趣。1980 年 9 月 1 日，我以不及十六周岁之身，从闽东海滨负笈芙蓉园问学，沿 104 国道南下，翻山越岭一路蛇行，在即将过站省城之前正是顺潘渡溪途经这一处的。之后，每年两趟往返，舍此别无他途。每一次，都深为此地的嶂峦叠翠、水清流缓所陶醉，却无法踏足、停歇，总是在长途客车上匆匆而过，不经意地浅浅划下了一丝丝的遗憾。这一回，我居然意外地在与潘渡溪阔别十年后与它重逢了，而且得以在临溪处休假般过上两日。这心里平添了对一众学生的谢意。正是在师生同聚的良辰里、远山静对的佳境中，编者约稿的最初邮件飘然而至。想来是这番时间和空间背景，天意般设定了这一册小书的里里外外。

当年那个辞别父母南下求学的少年，尚不及弱冠，一生之中算是春叶之时；如今人入中年，该是秋叶了，乐观点说是初秋之叶。闽地盛产茶叶，其为春叶也；我本好此清饮之人，渐成茶瘾。呈现给读者的这本小书，体现的是我人入中年的情怀、心绪，当为秋叶。其人之长成，其文之作成，紧邻千年古刹南普陀，菩提树时时入眼、蔽身，不免印上了些许的树影、叶音。一般以为，大学教授专业知识，是“修习身手”的。这一册小书，全然与身手的修习无关，所要传达的，是生命理解。企盼由此可以浸润少年心田，涵蓄生命能量。很带禅意的说法是，

"一花一世界,一叶一如来"。所谓"禅茶一味",俱修身养性者。按这说法,也该是"一叶一菩提"了,或者更直接说,茶叶本是菩提叶。这本小册子中的许多文字,恰是关乎茶趣的。

春叶、秋叶、菩提叶,通常以为树叶。此树叶,毋宁也是书页。一书一树,一叶亦页。这册《与学生书》,即是由此春叶秋叶菩提叶而成。一张张书页,也是一片片树叶。书页,书叶。曾就一部电影而得生命体会。一个人,其轻其薄,往往如一片树叶。从树上长出、长成、渐渐枯萎、凋零落地,不由己意,星移斗转之力;再随风飘逝,去向、落点,顺了风力;既可能入了江河滔滔东去,也可能落了地上"化作春泥",以"护花"尽显平凡、轻微中的悲悯。这春叶秋叶菩提叶,也就不妨当作这个将一个个字符聚集成书页的人在凡常劳作中的自画了。

这既是"一册树叶",同样不妨当作一棵树。我自知,不脱一份责任,将一己心智、行止流汇于我所处的时代、我生命所由来的文化血脉,也流汇于通称为人类、我作为一个成员的这一物种;我也自知,心智既有限,行止更当节制,所为不能求大,于凡常处留心、勤力是我所最适宜者。好有一比。我没有能力将众人行走的路变得直一些,或平坦些,也没有能力帮助别人把步行改成策马或驱车,我何所作为?假设,我以为某一处路边适合栽了一棵树,便了过往行人歇歇脚、纳纳凉,或添一点点的赏心悦目,我便尽力栽了。及至没有人真的歇脚纳凉,无人顾得上赏心悦目,我也乐得顺其自然。且自往下走,看是否还有余力于另一处也路旁再种一树。这本小书,就是这样的一棵静立路边之树。

过往之人,由这路旁树上所见,首先是些故事,我和我的老师的故事。我写下这些故事的用意,并不尽在故事本身多么精彩、迷人,而在于这些平凡的故事包含了师生关系上的那些至简复至深的道理。每一代的学生,以口述心,讲出这一代的师生情谊,留给下一代的学生,做下一代学生讲述他们那个时代的师生情谊的土壤和养分。正是薪火相传、弦歌不辍。若说编者专门约稿的盛情雅意是这一册《与学生书》的近缘,那么这些故事则是这一册《与学生书》的远因。

远因近缘之间，是我经年累月以为人师者自觉的思考、言说、写作。不过，这些树叶，本是零散的、新旧不一的、少加修饰的，万难装订成册。这很像是我有意识地搜集了些杂粮，却又胡乱地堆着，日子久了也有了点发酵，可依然无色无香、非净未醇，不足以品饮。既有识者从陋巷中取了来慷慨“瓶装”，为不负近缘、无愧远因，更为书生少年，我乃勉力着色、添香。所幸，有我一众师长，早就预先助力我今日的发酵之举，备下了上好“酵母”。

百年前，闽人林觉民，挥毫与妻书，慷慨捐身躯。多少算是巧遇，却非我特意知前人以思齐。2011 年，11 月 11 日，我起意与学生书，于这个时代敏察细读，为天下少年情思俱付。我没有激昂剀切，这不能有；我没有苦口婆心，这不必有。但盼我的笔端，在我静心、端坐中纯正、温润；片片书叶，带着土壤的绿意、海涛的韵律、阳光的明媚。

一叶菩提，愿助少年安顿性命于天理人情

与学生书，但盼挽回师道尊严以字里行间

目 录

卷一 思忆我师

卷二 新同学至

卷三 一书三式

卷四 别样课堂

卷五 相送学子

卷一

思忆我师

“而立之年”，领悟师道

写于2010年5月，以回望我的大学，感怀我的师长。

——题记

自我以十六岁之少年，于1980年9月入芙蓉园问学，已是三十年了。以“校龄”论，恰是而立之年。去岁晚春，我为芙蓉园写就《毕业颂》，期盼芙蓉园的少年书生快乐而高贵地行走一生。这个初夏，且以而立之年，就着岁月之浸染，梳理这芙蓉园中的师恩道韵，绵续那份悠远的学统和圣洁的气息。

何师永龄：“我是读旧式大学的”

这日傍晚，因看得《我的大学》的海报而起意为文忆师时，何师是最早来到我的思绪中的。许是在这三十年中，何师已是校主之外我最为感念的了。在那一刻我忽然发觉，何师的大名，实在恰当之极，所谓人如其名。何师足岁已八十有九，身子硬朗，尚可海泳。其康健可期，其长寿可待，实为“永龄”。不知何师的尊长，在他于临川这一方文韵浓郁、文气悠长的红壤呱呱临世之时，怎就识得这婴孩可以历沧桑、经跌宕而永龄?!

1980年，厦门大学法律系筚路蓝缕、白手起家之时。这也是整个中国法学教育筚路蓝缕、白手起家之时。何师于此前一年受命参与复办法律系，1980年开始招生，我由此得以作为“一期生”入学。他那时还担任着行政方面的工作。

也因此,我们住进映着凤凰花影、今天已赫然列入国家重点文物名单的芙蓉第二楼之前,他早已领着不多的几个同事,为我们打扫、清洁好宿舍了。古言“师者有事,弟子服其劳”,在芙蓉园,何师却将之身行为“弟子事,师者服其劳”。此为师道之尊且彰,抑或薪传中绝之怪象?再没有哪一拨的学子,能有我们这样的殊荣了吧。于他,再自然不过的职守了,并且也只是他如父亲般善待学生的开始。

何师会同其他几位老师,在我们一年级时讲授刑法学。大三时,他又主持外国刑法课。年前有同学回忆,他还讲过一门叫“历代刑法志”课的一部分。我倒不记得了,也不曾向老师核实过。我所记忆极深的是,一门大约于四年级上学期开设的“西方法律思想史”,他主持系务时是计划敦聘王亚南故校长之哲嗣、时任教于北京大学法律系的王哲客座的,可惜这位在这个领域颇富学名的学者未能前来。以是之故,何师在盛夏之时伏案执笔,博览细思,于秋天到来时亲临讲台,终使我们得以修习这门在今天堪称人才济济的各大法学院却早已边缘化了的课程。后来知道萨校长之授业、课徒情事种种,方知何师实是效法先贤的。他 1944 年负笈长汀求学,正是萨校长掌校期间。

大三时,请何师指导学年论文。蒙童般的习作,却得他老人家的看重。正好,福建省律师协会计划七八月间在闽北武夷山开一场专业研讨会。我那题为“刑事辩护制度的发生发展”的习作,合了会议的主题。何师竟多方商请为我筹划赴会的经费。自然,以我那蒙童般身份的大三学生,没有任何一家机构肯做这冤大头,再正常不过了。我时时以此未遂之事为荣耀,非因那稚嫩之作堪可圈点,惟因师尊如此奖掖后学,由我以未及弱冠身受之。

何师并不特别擅长授课。他之令我感念,主要不在于他给予我的专业上的造就。何师浸润我的心神,历久而愈觉其巨其深。他,以及师母,俱为质朴、温厚之辈,待人极为谦和。我却怎样都学不了他的这番德行。何师的质朴和温厚并不淡去他作为读书人的另一面的秉性。那种对现实的冷静观察、敏锐透视、精深剖析，在他已高龄之后，偶或我趋前请安，总是在或长或短的叙谈中铺陈无疑。何师对我从无教导和要求，所幸在“读书人的另一面秉性”，我还能恭敬履践之。

年前晚春时节，想起很久没有向老师和师母请安了，遂商请二位老人移步家中，简餐、叙谈。席间何师往顾当年筹备复办厦门大学法律系之诸多情节，言及一次在教育部的会议上，他力陈己见，并声言“我是读旧式大学的”。那一瞬，言者无意，我座中相闻，动容十足。

晚清以降，中华屡遭剧变。废科举、兴西学，谋宪政、弃王道。革命之对象，已不限于人身与制度，复及至文化与心灵。文化血脉迭经危难，学统衰微于今为甚。何师那无意之言，“我是读旧式大学的”，有如醍醐灌顶，令我方始知悉，我生何幸，有缘亲炙于那一辈的读书人，可以窥见这悠远学统的余影，吸啜如芝兰般的气息。在我年过“不惑”，以“独立三尺讲台，引动少年神思”自期之时，这学统和气息，不知觉地，已成了我最重要的乃至根本的给养。

三师行，学子惊

入学周，那午后炎热中的一刻，永留心间。

1980 年，厦门大学的本科新生约略过千。按所知名录，当时全校的正教授六十有一，新复办的法律系则有其三。陈朝璧教授是从比利时学成归国的，公认为中国罗马法研究的开创者。我入学后知道他关于罗马法的书在台湾依然是“教育部”的部颁教科书，自是无限崇敬。这位 1949 年之前曾任厦门大学教务长、代理校长的知名学者，在法律系复办后校方只委以“第一副系主任”之职，而当时系主任是空缺的。实在不知有何内情。二年级下学期时，他突染急症，旋即别世。临终前的一段时间，我们一众学生轮流值夜看护。当时只作一项重活，颇觉无奈，无以深思。近年间，人入中年，猛然惊觉般，我是看着中国一代罗马法研究的开创者溘然长逝的。那一番值夜，道是我生命中掠过一抹学统余影。可惜，少年不知学，余影过无痕；此景成追忆，难悔难成恨。

陈师原本是在我们高年级时为我们讲授罗马法的，竟去得早而突兀，都不记得那时我是否有缘当面恭称一声"老师"了。若说他病榻之中身躯化做学统余影，1981 年 4 月，六十周年校庆时的一幕，一定是深契入我少年的精神中了，我却似无所知觉。厦门大学的六十周年校庆，是在这个文脉久远而苦难深重的民族刚刚开始的重建大学制度的努力中来临的。我以无知学童，极新鲜地看着且只能看着校庆之中的"厦门大学科学讨论会"，再一次感觉得大学果然是和我熟悉的山村与小镇大不同。这会是分学科亦即分系开的。会前有铅印本的学术论文发送。陈师有文，发下又被收回，再发下，已见浓墨涂抹了若干行文。我这看客般的学童，无意亦无力读陈师之文，全然不知所涂抹的到底是怎样的文字了。按预定会程，该陈师发言了。今日已不再记得陈师原话了，大意是，论文之涂抹，非他本意，既如此，他已不能再做言语了。依稀中，他的语调是和缓的，又是激愤的，是卑微的，又是高贵的。我待年长至此，方明白，陈师在其晚年值大地初暖时以生命之余力，将那圣洁的气息，轻轻地散发了。当日的会场映雪二楼，已拆除有十年了。那份气息，该还飘荡在芙蓉园中的吧，和着天风海涛与古刹钟声。

李景禧教授在我们一干新生的眼中，有些近于神了。传言他毕业于东京帝国大学，回国后曾任中华民国最高法院推事，是国民党元老、为担任过国民政府主席的林森的外甥。记忆中他是个清瘦、矍铄的老者，颇有些世家风采。在我们完全没有教科书的时代，厦门大学图书馆里可以找到民国时期他与人合作的《法学通论》。我这样的少年的感觉是，他像是来自另一个世界的。李师也不曾给本科生开课，据何师言是身体不好。他带硕士生，我愚钝而无由忝列门墙。所幸在我做助教时有一两次央请而获准登门请教。他出任过一届的全国人大代表，是那时少有甚至唯一的拥有法学教授头衔的人大代表；据他的一个学生所称，他是中国当代民法学权威佟柔教授的老师。那一代的学者，真正是书生本色吧,全然不懂、不会、不屑依托学术以经营。否则,以方今许多法学教授的能耐,这样的凭资,大可以攫取大摞的学术资源了。

张立教授该是最为年长的,传说早年即加入中国共产党,地下活动过,是陶铸的入党介绍人或其上司。很有些传奇的色彩。二年级时他课任我们的国际公法。亦据何师所言,他是转了行到国际公法这块地的。无怪乎那时我们都觉得张师之课,获益不多。他更以年迈之故,每课难以尽时,每每需要多休息十来分钟。于是,几周之后,我们这个班,厦门大学法律系1980级,极其不满张师而将他轰下了讲台,系里另派来老师续课。记得那会儿我们带了几分的得意,几分将一个教授轰下台的得意。三年前的一个秋日,在岁月几乎将这一份得意冲刷殆尽时,我课徒之后,面朝大海缓步在余晖下,那一刻突然意识到,我的生命中已经没有老师来教我了,而我依然有许多困顿和难题,未释、不解。在我,和我的同学,年少之时,有老师恪尽职分、不顾年迈,我们却完全没有能力去理解老师之艰辛、宽容老师的衰老,只知演绎我们的好学和年少气盛。那一刻,我以人到中年而生的懊恼和悔恨,已不能诉诸笔端了。张师何错,这一干少年学生又何错?惟其无错可言,更是哀伤难言。这一个耄耋老人,竟因登台授业,受了好学复无知的学生们的伤害?张师不曾言,我们不得知。哀伤,已是多余,或依旧必要?

张立老师,且容我这无知的学生,以“三十而立”之心思,向您遥遥叩首,不敢恳请您宽宥这一众不配做您学生的学生,不敢以这不情之请扰了您天国中的安宁。

九月的厦门依然炎热。入学周中的一个下午,芙蓉二楼北端,法律系1980级男生宿舍,联袂而至的,是陈朝璧教授、李景禧教授和张立教授。三个耄耋老人,步履已失其健,华发早映容颜,竟然顶着炎热,登楼看望这一众全然不入门的璞玉,或只像玉的石头,一堆乱石。细节也不再记得了,只知道我这个没有见识、除了来上学就没出过门的十六岁少年,慌乱,不知所措。许多年后,身为人师的我，时时疑惑，为什么三位师尊如此屈尊，令得这一堆乱石得享这样一番殊荣？如今的教授再不会这样屈尊了，如今的少年书生再没有这样的殊荣了。近年来，我似乎可以窥知三位师尊当年所思所想了。他们以正当盛年，却不能精研学问、博览群书，不得登台课徒、传道授业。谁识得那番无奈，那种悲戚？到得1980年初秋的这个时节，终于有学生了！纵然一生各有精彩与传奇，他们又怎能再按捺，他们却怎肯再矜持？

三师行，学子惊；师道行，学子精。

郑师翼棠：示我以华贵

第一学期的英文课，郑师翼棠所授。他似乎也不擅长课徒。不过看来太难为他了。我们这个班，有的同学已经可以在高考的英语试卷中考得几十分，有的却得从二十六个字母开始学。真不知他该怎么教。风言他年轻时在联合国做过译员。也许是真确的，因为他课上总试图教会我们标准的美式英语。惭愧的是至今我对于任何一种英语都是不通的，甚至写出纯正、优美的母语也有几分勉力。记得校友回忆，长汀时期厦门大学的校医，聘的是留美的医学博士。够奢华的了。我们这些初级的英语学习者，得了联合国译员的教习，也算奢华得一般无二了。要知道那时国门初开，于普通中国人而言，中国是中国，世界是世界，实大异于三十年后的今日，已是中国和世界，中国的世界和世界的中国。从“世界”中来的郑师，够让我们新奇、惊异的了。他还另有让我大开眼界的。

郑师闽东人氏。不说英语说中文的时候，满满的方音。不过他有几分魁伟，相貌堂堂。近于南人北相的那种。记忆中他总是一副金丝边眼镜，梳理得整整齐齐的头发，一尘不染的皮鞋。那时尚不通行西服，他总着中山装，不是黑的，也不是灰的、蓝的之类的颜色，是我现在依然说不上的一种黄色，很协和他的金丝边眼镜。一堂课下来，照旧是衣裳整洁的。那架势，那“范”，一派华贵。多年前我曾以小段文字自画，内中有“三尺讲台如戏台”之语。想来是郑师华服方步于前，我素衣学步于后。没学得他的美式英语，却学了他中国式的“粉墨讲台”的做派。快哉，幸哉。

黄师与陈师：雍容与温婉

这是两位女先生。

黄师，在郑师之后教授英文。她美丽之极，雍容典雅。我至今以为没再见过如她般雍容典雅的女子了。我们离她对我们英文的要求差得很远，或者说离她认为我们应该达到的水准差很远。这在课上感觉得到。可是她非常有耐心，不着急，更不生气。我也非常惭愧于学不来黄师的这般秉性，面对我的学生时远没有黄师的气度，这方面的差距比之于老师在英文上的要求更甚。

黄师也传奇，或者说有艳美的故事。说是她嫁给了她的老师，她的老师大了她许多许多，多得那时我们觉得不可思议。她教我们的时候可能大约是我现在的岁数，她的老师是外文系很老很老的教授了。可是这一份不可思议完全不影响我们对黄师的恭敬和爱戴。在我看来，她也是人如其名的，黄洁。

我还是没有从黄师那学得好英文。可是黄师一定可以提升男生的品位，即便这男生那时很年少。

另一个能提升男生品位的女先生，是陈师。和黄师一样，毅明先生的课也和西洋有关，不过是历史，世界史。时下讲究所谓通识课程，何师在那时早已安排我们“通识”了。陈师的世界史，即是。一年的课。和黄师不一样的是，毅明先生如铅华洗尽，令我们感到温婉、可亲，有如面对母亲般。毕业多年后路遇陈师，依旧如此感觉。真好。和母亲不同的是，陈师很知性。那庞杂的世界史，带了枯燥，她竟不用讲稿，娓娓道来，我们如听故事般。我在课徒经年之后也能不携片纸、从容游走于讲台，是她转注了功力于我？现在也能以近于静水深流之势，平实道出所思所悟于我的学生，是她的引领、垂范？

补记：本文于《法学家茶座》第三十一辑刊出后，我手奉样书敬呈于陈师。这是我毕业后第一次往谒老师，也是间隔十数年而再见老师。匆匆的不足一个小时里，老师很高兴，和我说起她自退休后所做的一些事情。老师的语气依然平缓，音调依然清晰。我听闻，却添了感佩和感慨，又以身为老师的学生而愈加欣然。

老师志业于华侨史研究。退休后她花了数年时间研究抗日战争时称“南侨机工”的一个华侨群体，不忍其湮没于史尘之中、淡忘于国人记忆，欲彰其牺牲情怀、慷慨效死。老师爬梳民国档案，重走滇缅公路，寻访当年机工。其间的劳顿甚至艰辛，老师也只轻轻一句话，“我这个七十岁的老妪，疾病缠身，舟车颠簸”。老师并无意对这个当年的学生再行身教之举，于我确实是又一次的激励、鞭策。老师还具体说道，她那时在海南寻访一个已九十高龄的当年机工。老人从南洋回国后投身抗战的方式，有别于其他的南侨机工。他受命刺杀汪精卫，尚在伺机之中命令又撤销了。寥寥无几的话，让我恍然，只因我的老师，我竟可以伸手触摸心念中以为久远的那些历史事件和原本只是符号化的“汉奸”“特工”“刺杀”。老师把我带进了另一个世界。我于此时明白，为人师者非只传道授业解惑，之于学生，还是领着游历、为学生推开一道门而可以通达又一片天地。陈师也并无意在午后的闲谈中再言传于我，我还是有再受老师所传的兴奋。

那把小提琴，永远的谜？

岁月让人将许多东西遗忘，岁月也让许多以为已遗忘的东西栩栩然再现。这几年我常常想起一个老人，以及他手中的小提琴。

那时校园里有个扫地的老人，与他随行的是一个竹制的筐子、其他的扫地器具。竹筐子里还有一把小提琴。常常在我们课间，老人停下手上的活，在教学楼前的路边或空地上，拉起那把小提。那小提的弦不齐整，有断的。可是，一个同学，是当时的学生艺术团副团长，颇有音乐上的修为，说老人能拉出完整的曲子。这老人，满身的书卷气，全不似凡常的扫地工友。

何处还能再见这样的景象？谁人不把这也当一份传奇？

这几年这个拉琴扫地的老人时时映现在我的思绪中。他该曾经是这所大学的一个教授？在那些接踵而来的叫做“反右”“文革”的事件中失了教席？他寄情于问道、钟爱他的学生，却再不得其门？他唯有用残破的琴，演绎完整的心灵之声，贡献于本该是他学生的年轻人？操琴之时，他平静、安怡、满足？在这四百年前的金戈铁马化出书生意气的演武场，他依然拥有那内敛的力度？

我怎的在年少时没有生出这样的疑问？我怎的错失了机会，没有当面向老人求证我今天的猜测？或者相反，所幸我少不更事而没有求证，因为重要的不是答案的真实，而是猜测的合乎逻辑？

不幸的老人，幸运的我们?!

传奇谢幕的校园

我生已晚，不得见校主和校长；我生未晚，先贤流韵在一众师长的恩泽中熏染我的身心，少年及长。

这芙蓉园，曾是一众师长演绎传奇的国度和家园。我鬼使神差似地撞进来的时候，传奇正在谢幕，幕谢而未闭。这懵懂少年，见识了那道余影，得闻弦歌余音。上天垂幸于乡野间地里踩踏青苗、河中筑坝捉鱼的顽童，令他在这余影和余音中渐渐可以秉承止于至善的圣训，体悟悲天悯人的情怀。

如今的芙蓉园，幕已尽谢，传奇不再？

“大”校长林文庆

2010年秋，决意借舟渡海，为芙蓉园最年少的一众书生，力释“厦门大学，那悲悯与传奇的学园”之旨趣。于是之故，手捧一卷，《一生真伪有谁知——大学校长林文庆》。幸赖严君春宝博士，用心、勤力，将故校长生平、伟力、心绪，恳切铺陈、条分缕析，谨严而敏细。我以晚生之人，深夜静读，不能自已。海渡归来，写出小文，未尽心意；惟续作此文，始安己心，以为追慕。

——**题记**

大学何以言其大，早算是有答案的问题了。这些答案，或显或隐。谓大学之大乃在大师而非大楼，算是很“显”的一个答案了；university所含的宇宙、普遍性之语义，也算显出了大学何以大的答案。通常将大学之使命断言为文化传承、人格养成，该是“隐”着大学何以言大的答案的；三百年前维柯以修辞学教授在那不勒斯大学每年一次的开学演讲，也可如是观；只要在中国略略浏览一番校龄较长的一些大学的校训，也能悟出其中之“大”的；当代教育家弗雷勒的《十封信》是“写给胆敢教书的人”，初见此书副标题时真是大吓了我一跳，为自己也“胆敢教书”快惊出半身汗来，随后省得教书一道确实无论于个人还是于社会俱属“兹事体大”，这算得对大学何以言其大的最“隐”的回答了。无论显还是隐，这些答案大体是仁仁、智智的，多有共识，也总存分歧。如此，换上一种说法，勉强也还有些合宜，甚至必要。

大学之大，乃大视野、大胸襟、大气魄，亦即见识通达、胸怀开阔、气度恢宏。如此，于治世大学方可为引领、提升生活世界之举，于乱世大学乃能行保持、养育文化血脉之功；如此，大学必令少年书生得知当超越立身处世只为一己之利的狭隘和局限性，以适切地关怀人类的灾难和他人的疾苦。惟在这大视野、大胸襟、大气魄中，士人、学者代代绵续以悲悯情怀，将课徒、授业之劳作，复演绎为传道、解惑之圣职。

大学欲达至此种大境界，自赖大学中师生之通力践行；也赖那智识与精神上的导师为大学之一分子，此即所谓“大师”，或如波纳涅兹基在《知识人的社会角色》中所专门析出而称“圣哲”者。大学之此种大境界，更是在非常时刻淋漓尽致以显耀于波涛诡谲中、朗朗乾坤下。为避东瀛战祸而远涉南迁以保存我中华一脉文气、一缕神韵的西南联合大学，最为这非常时刻以显大境界的典范。大学之成此大境界，一校之长亦殊为关键。缺了那具大视野、大胸襟、大气魄之校长，大学无非课徒、授业之教坊，难成传道、解惑之圣殿。一如大学之大境界惟淋漓尽致于非常时刻，一校之长之大境界，每每于其悲情与传奇的生命形态中陈示，而此种陈示却又如此静默、沉寂，益显其悲情与传奇。

林文庆，“厦门大学的创校校长”，正是达于大境界并由此种大境界而悲情与传奇地展开生命形态者。其深具古典与现代情怀，身载中西文化之融汇。

1921 年年中，“新文化运动”的流光溢彩里，一批满怀救国理想的知识分子在上海秘密集会，意欲以革命推动中华之进步。正是古德纳概括的“知识分子变身为革命家”。这一年的略早些时候，另一些知识分子来到同因鸦片战祸而开埠的厦门合法结社，期盼借文化与教育之途助力于中华之进步。这年 6 月，林文庆履职草创的厦门大学校长，筚路蓝缕、鞠躬尽瘁，历十六年之久。

他是越洋北上的，从新加坡。

说来也巧。实业有成、报效桑梓的厦门大学校主陈嘉庚，是从在北边与厦门岛隔海的小渔村集美下南洋谋生的。1869 年在新加坡出生的林文庆，则是在南洋的第三代华人了。他的祖父当年下的南洋。林氏本在一个叫鳌冠的小渔村。这小渔村恰在厦门岛西向的陆地上。这一块陆地，名为海沧。孙中山在《建国大纲》中规划，三个枢纽港北方大港、东方大港、南方大港之下各有若干二级港口。东方大港之下即有海沧港之预设。两个渔村虽小，名号却大：集美、鳌冠。更有趣的也许是，来自集美的陈嘉庚所营造的厦门大学和集美学村校舍，砖红瓦绿、中西合璧，美轮美奂、恢宏大气，名之曰"嘉庚风格"，2006 年列入国家重点文物名录。果然集美而极美。祖籍鳌冠的林文庆，自少年、青年、中年，在南洋华人中才智、德行俱为占鳌头、冠群伦者，确实鳌冠。在新加坡他至今得享为"著名的医生、称职的立法议员、成功的企业家、活跃的社会改革者、儒学和教育的推动者，可说是全能型的领袖人物"。他的能量和舞台，及于整个华人世界，乃至东西方之间。

少年的林文庆在英国人办的学校就读，其勤勉、聪慧深受校长的赏识。及至其家道骤变而面临辍学时，那位老派的英国绅士不惜为林文庆屈尊恳求，使这少年得续学业。十九岁，林文庆获英女王奖学金，入爱丁堡大学医学院。这是当时全球顶尖的医学院之一。数年之后，林文庆携医学硕士头衔返回新加坡，很快成为当地名医。他为时任清廷驻南洋总领事的晚清著名外交家黄遵宪治愈肺疾一例，多半令人叫绝的。这个从英伦学成的年轻医生，用的竟然是大体属于中医的法子，无关药物。他又与人合作开药房，小有所成。在后来他并从事实业，成为殷实、富庶之华人。作为医生，他在实业方面的见识却深得当地人士的遵奉。有马六甲的华人听从他的建议投资橡胶种植，大获其利。在南洋他享有"橡胶之父"的尊荣。林文庆与人共同创办《海峡华人杂志》，影响颇大，为"华人三杰"之一；第一所华人女子学校也是由他创办的。他又进入政界，为华人议员，不仅成为华族的意见领袖，并可以无碍地与殖民地官员沟通，从而得以为华人也为当地做出卓越贡献。

到中年的时候，林文庆已经集名医、实业家、学者、华人领袖于一身。他自算得一个百科全书式的学者。1919年，香港大学向他颁发名誉法学博士学位，对于“林文庆博士”来说，自是名副其实的。

林文庆之融汇中西文化，颇为匪夷所思。作为英国殖民统治之下的华人，为生存计，接受英国教育、熟练掌握英文，实是自然之极。到他远赴爱丁堡习医时，他只是“幼年读过几天四书五经”，基本上没有使用汉语的能力。在爱丁堡的中国留学生因此对他缺乏认同；而英国人又总把他当中国人对待，但他却没法在文化上使自己作为中国人。这样的“文化位移”所产生的境遇，不仅使他尴尬，更对他造成深深的刺激。于是，一个留学爱丁堡大学医学院的华人青年，开始发奋、勤力学习汉语、阅读中国书籍。这情形，像是他把英语当母语而把汉语当外语了。他确是极智慧之人。到了1929年，在厦门大学校长任上，竟是将《离骚》迻译成英文。此举深受西方学界之欢迎，以之与《三国演义》之英译并列为英国汉学之两大盛事。而《离骚》之英译，不过他从完全的、纯粹的西式教育中长至青年后，以近于“白板”状态接受中国文化终至成为饱学硕儒、具备作为中国人的文化自觉之结果。在此之前，他早已在文化上转身为一个地道的儒者了。他之于第一次世界大战，借儒家思想以观照之，已尽示他的儒者身份了。这样的立场，延至后来的第二次世界大战。1931年他又以英文写成《中国文化要义》。

这个林文庆，在他慷慨赴任厦门大学校长之前，乃具大视野。

校主嘉庚先生恳请林文庆襄助兴学，于厦门大学实在是至为紧要之一举。林、陈之间，林长于陈数岁，教育背景几乎有天壤之别，在南洋的社会地位其时也颇为悬殊。我猜测，林文庆大抵实际上是陈嘉庚的精神导师。大至陈嘉庚由林文庆引见于孙中山并加入同盟会，小者因林文庆作为医生的劝告而陈嘉庚终身不饮咖啡，中则在厦门大学建立的前几年林文庆曾应陈嘉庚询问而予其实业有成、教育效国的建议，这样的猜断非为无由。经营橡胶业而大成的陈嘉庚，恰是把林文庆视为马来半岛的“橡胶之父”。或许是更直接地表明了两人间的关联。

厦门大学有幸，建校初始即迎来林文庆。倘若没有林文庆在大视野之外的大胸襟，则断无厦门大学之荣幸。

马来半岛，土地富饶，植被茂盛；风调雨顺，天灾不临。实在是天贶于人类生灵之洞天福地。马来半岛上，时年五十有二的林文庆，足称功成名就，大可以酣畅余年、养尊处优。可是，这个儒者，收拾庞大家业，弃置所有的社会荣耀如敝履，举家越洋北上。闽人冒险下南洋，实为生存所迫。林文庆之北渡，却是为了效力故国。较之他祖父当年去乡远洋，目光、情怀、气宇，自不能同日而语了。不过，他依然得冒险！所别在于，其祖之险，以肉身担之，势所不得已；林文庆之险，无关乎肉身，却直逼心灵，惟自觉大愿。费耶阿本德、萨义德这样的当代西方知识分子，有意或无意地以知识分子的自我批判视角试图阐释知识分子的特质，其中即隐含着知识分子当自我放逐的主张。我以之为远古那巫的表现为“献祭”的自我牺牲的现代形态。牺牲的不再是肉身，而是社会地位、精神荣耀及至内心宁静。1921年六月的林文庆，已在汪洋之中将自己从主流向边缘放逐了。

那时的厦门大学，初创，亦为草创。其情形，远非默默无闻所能形容。厦门更属边陲之地，远离文化或权力中心，也算不上经济中心。林文庆几乎得以校长身份，与校主嘉庚先生一道白手起家。其间之艰辛，他人要感同身受大体也难。论者以他二人为厦门大学之“生身父母”，确当之至，公允之极。

今人眼中的厦门，已有“海上花园”之美誉，“国家卫生城市”“优秀旅游城市”“国家园林城市”“国家环境保护模范城市”等名头接踵而至，更获得过一次“联合国人居奖”，公认为是中国城市中最适宜居住的城市之一。在中国当代社会转型的法治化进程中，厦门还堪称法治程度最高的城市；由地方政府所提供的公共福利与公共设施，要比其他城市好出不少。而厦门大学，于西太平洋的万顷碧波之畔、天风海韵之中，青山为枕、古刹相邻，四季花繁、冬暖夏凉，以“花园学府”笑傲学林。然而，九十年前，当真是甚于隔世之别。厦门虽于鸦片战祸后被迫开埠通商，却大概到1927年才从行政上析出为特别市，由此开始大规模的现代城市建设。事关日常生活之便利与质量之公共道路、公共设施、公共服务等始渐渐完善。无从具体对照，大概可以揣测，就发达程度而言，彼时之厦门与新加坡，差距当要大于现时之厦门与新加坡吧。那么，校长之北归，非由俭入奢，反是由奢入俭了。此已为常性之人所不堪。厦门大学所在，为鸿山阻隔于居民区，可称郊野之荒，到五十年代还得轻舟海渡；更兼坟茔累累、磷光闪闪。此时的校长，实在是加己身之艰辛，于小处乃解校主之困厄，于大处是以教育与文化之途汇力于中华之光耀。

校长所为，十足怀天下公益、竭一己气息。于这初创之学堂，更是以无上的悲悯，劳力、耗神、破财。对于这座学园的气质与精神，想来不止于“贡献至巨”之评断。在我，大体要以校长为这学园的精神导师了。补添“止于至善”为学园之训言，已足可令后来者立身处世意趣高远了；校歌虽非其作，可致知无央、吾爱无疆所含文化传承与人格养成的大学之道，定然是校长之理想与情怀；立那“宽柔以教、不报无道”的“南方之强”之宏愿，舍他又其谁能有此高洁、高贵？他时时颂扬“嘉庚先生的精神”，以教诲、以激励莘莘学子；他更将那自觉的自我牺牲的悲悯天下苍生的情怀，淋漓尽致以力行却不形于言、色。与人文初始俱来的这一悠远传统，由校长再次静默以践行之。那般知其不可为而为之的坚忍，那种敏行不言的慷慨，那番“我求你，请你帮助厦门大学”的不悲而切的心音，该是他以一个中国人的文化自觉和对精神血脉的承继为原力的吧。今天，这所大学最可以自豪和自矜于世人的，安能有它？今天，这所大学若当有所持守、有所节律，其最可以据者又何所援？

“大”校长林文庆，是“深深埋藏在厦门大学历史中的一块基石”！

1934年年底，六十五岁的林文庆漂洋南下。在校主的公司收盘致厦门大学受困于经费而难以为继的窘况下，他前往南洋为厦门大学募捐，长达三个月。以他当年在南洋华族的尊贵和荣耀，为了这所立于荒野之上的大学，他不惜出言以“我求你，请你帮助厦门大学，为祖国培养建设的人才”。如非大胸襟，何来这不悲而切的心音？十六年里，前半时间他执掌厦门大学时时受学潮所累。究其因由，当是这所大学在西学东渐、并有新文化运动之兴后乃立，而校长个人却以纯粹的儒者情怀襄助倾资兴学以置身其中。其个人之悲情，已是早种前因。除却建校之后他是第三大捐款人，掌校的后半时间则更需为厦门大学的办学经费而殚精竭虑、而辗转劳顿于募捐求助之途，终使这所私立大学可以再延续数年时间，直到1937年无奈转交于政府而改为“国立厦门大学”。这位六十八岁的老人，此时本可以放松心神了，可是旋因战祸逼得他无法“静静陪伴在厦门大学的身侧”，只得以老迈之躯、空囊之资，返南洋避兵锋。

上天却看似有意加乱世于他而令其尽显胸襟之大。1942年日军占领新加坡，林文庆被迫出面组织“华侨协会”并担任会长，以救援、扶助华人少受凌辱与杀戮。这一年，他七十三岁。也许，正应了那句“七十从心所欲不逾矩”，他将壮年时的加一己艰辛而解校主困厄，更演绎为任一身屈辱但求众生解脱。设若，林文庆不曾北渡厦门，继续于新加坡延续和积攒财富与声望，到得日人强霸马来半岛时，他或许尽可远避英伦。则他何来以耄耋之年，为华族利益计，屈身与日倭虚与委蛇，受尽心灵煎熬？后半生的林文庆，自其北渡始，岂不正是以纯正的儒者之身，尽释那“我不入地狱谁入”的佛家情怀，所谓大慈悲也?!

他远非魁伟之人，甚至略显矮小。任何一张合影上都容易看出来。他却显然是具大气魄者。为学涉政、东方西方、主流边缘、古典现代，于他却无所界隔，自可从容往来。他“是点燃海外华人民族主义这把火炬的最重要先驱人物之一”。1900年康有为在新加坡蛰居半年之久，林文庆深得康有为信赖与倚重，不仅对康有为的安全有周密的布置，更对康有为的政治活动大力支持。后来，他又得到晚清政府的信任，出任内务府医务顾问和对外的医务代表。他是以此贡献一己才智于他的故国的，也更是他以文化认同超然于政治纷争的吧。非凡的能量，在他看来斯文、柔弱的身躯上。这正是“南方之强”。到他遇到孙中山后，他的气魄达于至大。他并不完全赞同作为职业革命家的孙中山的政治见解和具体实践，对中华强盛、社会进步自有一己之见并能终身践行之。但这并不影响他们两人间的相互知己和亲密关系。辛亥时，他和孙中山、黄兴、黎元洪四人曾数月共栖一个帐篷。南京临时政府成立后，他是临时大总统孙中山的机要秘书和军医官，后为卫生部总监督。他和孙中山一起为中华民国而操劳，直到孙中山去职。

1921年5月，孙中山在广州宣誓就职中华民国非常大总统，旋即致电林文庆，委以外交部部长重任。历史像是刻意以戏剧性的方式，令林文庆有机会以他独有的举止，彰显出他的恢宏气度。陈嘉庚也在同时欲将初创的厦门大学全面托付于他。“文治”或“武功”，他须得在之间择其一。“林文庆请孙中山代为定夺，孙中山很快地给林文庆复电：赞成他到厦门大学担任校长。于是，从此以后，厦门大学人人皆知：是孙中山把林文庆让给了厦门大学”。内中情由却是，“孙中山深谙林文庆教育优先的一贯主张，知道林文庆其实内心里早就拿定了前往厦门大学的主意”。他这是一手拂故国大总统的美意；另一手承海外实业家之重托，实实在在地将陈嘉庚与他相约的“须为厦门大学奋斗到死”的誓言，不差一分一毫地履践了。他把他的大视野、大胸襟、大气魄，收缩于知识分子的纯粹的话语方式中，更由此以守护“士志于道”的德性与尊严。

这就是林文庆。他不止是大学校长，他更是大境界的校长。偶或有可与他比肩一媲者，再无能出其右者乎？

鸦片为祸，不止其毒，其祸之甚，于我中华，却是战祸。此后百年，中华迭经危难，屡经生死存亡。以此之故，廿世纪整，仁人志士，穷智竭力，寻中华强盛之路，探万民福祉之策。然则，革命之能量，似已尽释；经济为舟楫，险境无穷。于文化上，前有“新文化运动”，激越至如意图废汉字、倡言“不读中国书”；后兴“文化大革命”，令革命之对象，不限于人身与制度，复及至文化与心灵。所幸，新世纪十年，朝野上下，渐示新机，接续古老的文化传承，汲取悠远的精神给养。此或许可使中华于革命与经济之外，得获最紧要之生机。由是观之，“大”校长林文庆所见、所践，已知先机、早行于前？

何为知识分子与知识分子何为，亦即知识分子之特质何在及其于生活世界具有何种意义的问题，所牵连者大，却依然争论无定，甚至在知识分子自身也存有楚河汉界般的分异。班达在《知识分子的背叛》中所强调的，则是知识分子乃超越现实的善。“大”校长林文庆，正是这超越了现实的善的“理性的儒者”。这样的超越性，惟因其大视野、大胸襟、大气魄而来。

只在这大境界中，大学与学人，才可能摆脱善因其现实性所粘连的局限性和狭隘性；只有依凭理想主义的悠远，才能够超越为现实之善的激越；精神的纯净与内心的高远，才可以在凡俗的世界中有所栖息。

萨本栋，最近前线的大学校长

我之景仰萨校长，在我四十五岁时写的一句话里："余生也晚，不得见校主与校长"。2010年深秋，夜读《大学校长林文庆》，唏嘘不已，感佩、感动，遂写就《"大"校长林文庆》。一卷读罢，一文作成，深知文庆校长遗教于我，也暗自庆幸有缘领受文庆校长遗教，并走进他的世界。得些心安。相比之下，萨校长便离得远了，景仰中也觉得欠了他一点什么。此番赖石慧霞学友呕沥追缅、殚竭执笔，刊布以《萨本栋传——民族危机中的大学校长》，可知晓校长生平行止、掌校艰辛、育人润物、书生报国，也觉校长遗泽于我，假这早该有的卷辑。击键作文，无力告慰校长于星宇，但盼续弦颂不辍之雅意。

——题记

厦门大学若非在立校十六年后由私立转为国立，便不会有一位校长叫萨本栋。三十五岁的物理学家萨本栋因此展示了其生命之传奇与悲情，也造就了一所大学的雄阔与俊朗。

可若非战祸，就不会有这样的萨本栋和这样的厦门大学。战火烧自东瀛。于这所大学和这片土地，这火如涅槃之火；于萨本栋，又像是天降之火，专为映衬其卓智、坚毅、伟岸。

1937 年的厦门大学，多年惨淡经营，为免“贻误青年”而由校主移交于国民政府。校长之选，颇多周折。幸有清华园里的闽籍教授萨本栋，慨允出任厦门大学校长两年。只是两年。想来，他深知，论事，这残局般的厦门大学收拾不易；而于己，必定极大影响视为志业的学术研究。他还是愿意用一生中黄金般的两年时光，献给厦门大学，以报答他的故乡闽山闽水，以应和他所敬重的嘉庚先生的家国情怀与文化皈依。这是他的慈悲，他的仁义；更是厦门大学的福分、生机。定然无人预知，萨本栋的仁慈和厦门大学的“重生”，如此地戏剧性。无如，上苍执导的这一出剧，乃以玄黄天地为舞台，拿五千年华夏做背景，使几乎濒危的厦门大学成了观秋一叶。

1937 年 7 月 6 日，北平城里，国立清华大学教授萨本栋受国民政府教育部任命为国立厦门大学首任校长。第二天，北平城外，卢沟桥头“七七事变”继起。一介书生萨本栋遂而成为时间与空间上都离前线最近的大学校长，他的人生际遇和国族命运就此愈发紧密勾连。这或许是他的宿命。上天降此宿命于萨本栋，大抵是垂爱厦门大学，更是为这个百年苦难的民族多注入一缕刚健的力道。

闽都福州，榕荫下的朱紫坊，望族萨家俊才辈出、文武双全。斯文儒雅的萨本栋，骨子里定然有着家族的英武之气，以此演绎人生传奇。报道说，萨本栋“自奉到任令后，即于平津交通阻断之十一日夜，冒险离平赴京，接洽一切”。到首都南京后，他“罗致教授，俟稍就绪，即赴厦就职”。这哪是校长就职，简直就是将军临危受命、马不停蹄、犯难涉险的军人本色。国难当头，不避牺牲。这牺牲，包括他将娇妻、幼子留在炮火近处的北平城里。于厦门大学，国难足成外患，自身却又内忧重重，经费匮乏、教师别就。真是屋漏偏逢连夜雨。萨本栋独力挽危亡中的厦门大学于将倾，今人如何能想象？他自己又如何能知晓，他之力挽，须得舍出身家性命，方可保厦门大学卓立于学林、昂然于狼烟？

1938年1月12日，相去卢沟桥事变半年，厦门大学师生渡海跨溪、翻山越岭，终于将校园安置于汀江之畔。比起“平、津、京、沪各地之机关学校，均以变起仓促，不及准备，其能将图书仪器设备择要移运内地者，仅属少数，其余大都随校舍毁于炮火，损失之重，实难计数”，厦门大学之内迁，从容、完整，虽非毫发无损，大抵无伤元气。连私立时期的非正式员工开设的理发店也能随迁。遥想日夜兼程中的厦门大学，尚有一个理发师为师生修饰仪容，何等斯文气派？所谓文脉，所谓文明，竟也须着落于一把剃刀上。

物理学家萨本栋真有将军之机智，才能在受命半年内将整个学校内迁八百里。也只是内迁了八百里。比起云贵高原上素负盛名的西南联大、浙江大学等，这八百里真可谓“凌波微步”，轻巧、优雅。只这八百里，便堪堪避开了东瀛兵锋，斯文不堕、弦歌不辍。要说，第九战区与日军激战的江西高安、上高一带，距长汀还不足八百里。此时，武夷山脉为一坚实屏障。萨校长的心性与卓见是：“东南半壁的高等教育，还需要维持，所以决定不随潮流远徙。”他这何止是办学，实在是以办学而抗战。单举一具体事例即可知。1942年，奉教育部令，厦门大学收容自港、沪撤退的学生，“仅上海籍学生就收容84名”。今人著《抗日战争与中国知识分子——西南联合大学的抗战轨迹》。以此观照，萨本栋与他的厦门大学，岂非另一个版本的“抗日战争与中国知识分子”？若没有了萨本栋与厦门大学的“长汀版本”“抗日战争与中国知识分子”这一大地上的史诗便是缺了半部。

校长在1941级学生的《开学词》中说，战时的厦门大学“要留在东南最偏远的福建省内，以免东南青年向隅；要设在交通比较通达的地点，以便利闽浙赣粤学生之负笈；新校址的环境，要比较优良，以使员生得安心于教导与求学”。陈嘉庚以福建教育落后和便利南洋华侨子女就学之考虑，在厦门设立大学。萨本栋避战祸而不离闽地，一面是延续了陈嘉庚的办学思路；另一面更是彰显国族之气概。毋宁，这是另一种书生报国。故而，长汀的厦门大学，时人所知粤汉铁路以东的东部中国战时唯一的国立大学，不仅安下书桌供青年修业，更能够基于扩充的师资力量而扩大招生规模，而增设学科、专业。正是“天行健，君子以自强不息”。这所离前线最近的大学，用日机轰炸中屹立不倒的身躯，以最斯文的方式抗击最铁血的侵略，宣示着一个古老文明顽强的生机。

然而，将军难免百战死，哪知书生报国亡？战火中渐渐丰盈、饱满的厦门大学，是萨本栋用自己肉身上积劳成疾、精神上横遭枉诬换来的。“苟利国家，生死以之”，正是大学校长萨本栋所为。他得有多艰难，乃至得耗费心神、元气，支撑着这所大学，以至于 1941 年请辞校长，坦言他已经比原先所允多担当了两年，到了继续任职已是于学校无益、于自己大损的程度。他这样一个果毅、英武的人，都到了要坚辞的地步，可见有多难。然而，他并未获准去职，终于坚持到 1944 年 5 月去美国讲学、就医。试想，长汀七年，离前线最近的大学校长，该有多坚忍？谁说他不是为厦门大学鞠躬尽瘁？谁说他不是为华夏抗战竭智捐躯？

他是有远见的。他见到的是战后，图谋的是战后建国。战时须有青年修业之所，这是为了战后；土木、机电、航空三系之创，银行、会计诸科得设，以培养相应的专业人才，也是为了直接服务于战时、战后。在离死亡最近的前线，目光所及恰是战后的勃勃生机。必胜的信念是他的情怀。也可以说是那一辈人的情怀。

史家雷海宗，萨本栋的清华同学，于抗战初起、战场上简直节节败退之时，明言此乃“建国之战”，可相比于使中国历史进入“第二期”的淝水之战，足可开启中国历史“第三期”。稍后，史家钱穆于《国史大纲》停笔处，乃称“抗战胜利建国完成中华民族固有文化对世界新使命之开始”；而在 1945 年 9 月 9 日日酋冈村宁次向中华民族递交降书的清晨，钱穆以《建国信望》展望新中国的出现。我读雷海宗、钱宾四，那份波澜不惊的沉静，流溢于字里行间；那份史家洞察幽微的敏锐，化为“抗战而成新中国”的卓见。

萨本栋这一辈的读书人，在二十世纪上半叶的中国，今人称为“民国时代”

的时期里，展示了当世尚不能及的风采、风雅、风骨、风范。这是一个为中国的现代学术与艺术奠基的时代，所及高度与所积厚度，浮躁、功利的今人岂可轻言相匹？民国时代在文化取向与审美品位上的风情、雅致，肤浅、流俗的今人该自惭形秽吧？今日士林无如名利场，阿谀、谄媚有之，风骨大抵荡然无存了。大敌当前，文弱书生却能依凭五千年文化传承而果毅、坚忍，而从容、淡达，这样的风范，今人比得了？

离前线最近的大学校长萨本栋，就是携了这一身风采、风雅、风骨与风范。其遥示后人，更是为天风海韵中的厦门大学定了调。若说文庆校长是“深埋于厦门大学历史中的基石”，则萨校长定是这基石上不可少的梁栋。竟是人如其名，于厦门大学，乃至于华夏。

1940 年，萨校长在欢迎嘉庚先生莅临长汀时，恳切以言：“勿忘先生之事业，先生之精神人格，以及先生之识力眼光，时时引为楷模，时时求所以副先生之期望，庶无负先生拳拳祖国之忱，亦即吾人所以报答先生于万一也。”

如今，吾人何以报答萨校长之人格、伟业于万一？

追叙陈师朝璧教授的遗作与余生

这一卷“思忆我师”中是不能少了陈师的。几年前以《学贯中西，烛现先机》为题，评述陈师的遗作，刊于《厦门大学法律评论》第十八辑。此番以先前之文为基础，去其专业性和学术性，改为故事性的文字。

——题记

2010年10月，厦门大学法律系1980级的四十个学生，聚会相庆入学三十周年。在恭请当年的老师赴宴共叙的晚餐上，我以主持人之身，略做感言。老师们都已十足耄耋了，依然健在、安康。做学生的，恭请老师们移步，不仅有请安、致谢之情，似也有请老师检阅一下当年所教导的这一群年轻人在进入中年后是何种景况之意，看看做学生的是否有愧于老师们的勤业、勉力。也算学生们在教室之外、“江湖”之上书写人生的作业、答卷，以敬呈于师长。席前，师长之中最为高寿的何师永龄老先生，携来一摞的复印件交与我，着我分发至诸同学。何师所赐，是两份稿子。一是他写的书面发言稿，是他老人家专门为出席他的学生的聚会写的。这份稿子，让我一如既往地感受着何师对学生的厚爱、深情，体验着一个一生以教书为志业的读书人的精神世界。何师稿子的主要内容，是陈朝璧教授之于厦门大学法律系的复办所起的关键性作用和所付出的辛劳。第二份稿子，即由此而来。这是陈师晚年最后的遗作，长篇论文，“试论社会主义的新中华法系的形成和发展”。何师于1944年负笈长汀，为陈朝璧教授亲炙弟子，1979年相随并协助陈师重建法律系于厦门大学。何师于陈师之学问，推崇备至，其“深感到陈先生在中国法学学术地位上是独特的一个”；于陈师之人格，在履践师道、狷介耿直等，钦服不已。何师景仰师尊，遂将陈师遗作印行、发送与由陈师竭力重建之法律系的第一届本科毕业生（1980年级）。两代前辈学人之薪火相传，一文以当之。我意外手捧陈师遗作，如获至宝。

1981年4月的厦门大学六十周年校庆，适逢这个民族在转型时代重建大学制度的筚路蓝缕中。由此，一校之庆典，堪成一个时代之缩影。校庆中的一项是“厦门大学科学讨论会”，陈师遗作，专此而撰。故而，一文之作成，实为一个民族智识努力之链珠。可惜，此长文一直未曾刊行，不仅足令重建中的中国法学略输文采、稍逊风骚，实成中国当代法学之瓯缺。当时，陈师之文已由校党委宣传部指定为“厦门大学科学讨论会”重点论文，以铅印散发。旋因有主事者认为此文有直接针对政治领袖个人的直言式批评，而生无端之重重顾虑甚或不满，遂强行收回并加以涂抹后再发下。陈师也由此不肯按照原定安排在会上正式宣读论文，只极简短地讲了话。我以本科一年级学生成座中听众之一。可惜那时看热闹般，全不知内中三昧。若说1978年召开全国科学大会有以为“科学的春天”到来的，那么三年后陈师此文在厦门大学科学讨论会上的波折，算是乍暖还寒之一例了。当年我手上也是拿到一份论文的，却不识陈师智珠，未加珍惜、留藏。早些时候撰文忆及陈师此一行止时，很是好奇陈师之文何所论也，更为再不得见陈师此文而多有感慨、万千遗憾。我在日常的问学、为文中，在履职《厦门大学法律评论》主编的六年时间里，深知坚守学术纯粹性的重要性，更知道守护学术的纯粹性是守护学术的内在尊严，自有比知识生产更重要的意义。我也能勉力以此自律，不敢有所逾越。近年来在往顾从少年到青年再到中年的生命与心路历程时，渐渐也感受得到陈师当年的作为，知道我勉强可以不愧对老师当年的布衣气魄。

到我入学三十周年的这一下，由何师代陈师再赐文稿，竟有如天赐般。这一道天赐般的机缘，既补了我身为学生的遗憾，得以在学力渐增之后可悟陈师智慧，更令我在三十年后走入陈师的晚年、感受他的生命。陈师遗教于我，不独以其遗作，更以其余生。

我随后几乎是以最快的时间，展读陈师遗作，方知陈师智慧如海，却叹师尊智珠蒙尘。所幸，我身任《厦门大学法律评论》主编。公、私两合间，决意将陈师遗作刊行于正在编辑中的《厦门大学法律评论》第十八辑，以光大师尊智慧与人格，以惠及今人且汇入转型中国的学术建设和思想构造。巧者，此前我已打算在履职第十八辑《厦门大学法律评论》后即请辞主编。这竟是我最后一次机会，方便地将陈师智慧示于世人。就当这带着几分天意吧。于是，我恭谨、细致地校订陈师遗作，力行弟子本分；倾心、竭力地撰文，求释陈师智识于读者，则是忝为后辈同行而表达对先贤的温情与敬意。这一番何师用心赐文于先，我悉心刊布于后，且为薪火相传、学统相续之跬步。

当年是无缘教室里直承陈师耳提面命、醍醐灌顶的，老人家仙去突然。何师为此非常替我们惋惜。我却在刊布老师遗作中补了这一缺憾，那是相当欢欣的。先是亲手将老师遗作录为电子文本，感觉直似为老师誊写手稿；继以查阅老师遗作中所涉及文献、核实文中相关材料，并作相应校订，像是随着老师做助教。时空已别、阴阳两界，可这“师者事，弟子服其劳”之规矩，依然在。陈师身后，世事变幻；陈师智识，益显珠光。陈师本以罗马法研究享誉学林，于西学东渐中的二十世纪上半叶的中国法学，实有刊山伐道之力、之功。后来陈师又着力于英美法，是兼通两大法系的法学家。到了 1978 年，社会转型而重建中国法学，陈师智识所及已非欧美。陈师回看华夏，先是就当时新刑法的颁布撰文论述，继之以辨思中华法系而重启与接续一度中绝的学脉。及至 1981 年仲春，长文“试论社会主义的新中华法系的形成和发展”之作成，乃是陈师聚毕生学力、凝赤子心神、示布衣情怀、发剀切言辞。我读陈师遗作，以为他实在堪称新中华法系论的创立者、中国法制进程的预言者、接续文化传统的先行者。若说陈师青年之时，欧游新归，意气风发，以《罗马法原理》为中国法学发“刊山”之力，则他生命之光已见弱、渐息之晚年，却以此未刊遗文，为中华法系之新生，乃至为中华文化之光大，再行“伐道”之举。这耄耋布衣，践行着学术为天下公器之志业，以任重道远之情怀，勉力将这先机，如烛火般微现，如残烛般弱现。陈师学贯中西，洞悉先机；却又如暗夜孤烛，珠光蒙蔽。

我在四十六岁时读陈师遗文，无限感佩陈师目光如炬，也极感无奈。我与陈师，已是隔世，也很像是在历史烟尘中爬梳，才能以一鳞半爪而辨陈师学迹，由蛛丝马迹而悟陈师心绪。勉强也算由此走进陈师生命，以弟子和同行的双重身份来感受陈师的后半生，为陈师扼腕长叹，扼叹之中却又能有所释然、平静。

说来，陈师与文庆校长的生命是有几分相近的，一样的身担悲悯与传奇，一样的纯正儒者本色。1949 年，一代知识分子面临抉择，政治纷争中的抉择。今日看来，一介书生，或去或留，已可无关“政治正确”，从中辨识个人的性格、心绪，方为合宜。陈师本有机会去往台湾，以他当时的学望。他留下了，原因简单得在今日的“学者”眼里根本就不成理由。那时，陈师以厦门大学教务长身份代理校长，他以一校之长，不能弃校而去，留了下来，将校主嘉庚先生手创、林萨二校长苦心倾力的大学，完整地交给新政府。他的后半生，由此逆转。陈师之留，有如文庆校长之越洋北上，俱成生命的大逆转，尽显情怀与伟力。

我遥想当年，博通两大法系、正当学术的黄金之年的陈朝璧教授，会为中国的法学研究和法学教育做出何等的贡献？这已经没有答案了。不久，在对大学的政治动员中，厦门大学法律系撤、并至上海，为新成立的华东政法学院的一部分。陈师再一次留了下来。盛年的陈朝璧教授，一己学术生命为之一绝，却成就了今日的厦门大学法学院。惟因陈师的一留而再，1979 年国家重建法制的宏大政治背景下，厦门大学才得以作为极少数大学先行复办法律系。据何师言，当年复办法律系，并非校方有此远见卓识，而是另有明眼之人，自京中向校方进言，称以陈朝璧教授一人，即可重开法学之一科。于是，陈师以七十五岁高龄退休后复出，热情高涨地肩负起接续学统的艰难之任。何师有言，“由一位老法学家主持法律系复办工作在全国是第一个”，这成为“厦门大学法律系重建的一个特色”。有长者向我忆及，诸如搬来办公桌这样的事情，陈师以高龄亦欲亲力，令其感佩。此中所见，不独学人之品行，复有学术之步履维艰。超越性的精神生产，竟然粘连了此种形而下之劳作。可惜，天不假年，一代大家，只在1982年年初即骤然辞世，未及为时人与后辈夯出更坚实的基础、留下更充分的学养。此不独为一校之失，也是一个民族、整个时代在法律教育上不可弥补的缺憾。

1952年之后的陈师，因这所大学已无法学一科，遂转任中文系，课业中国文学史，尤其于先秦一段最为着力。这个欧游而归、精研西法之饱学硕儒，由此演绎出真正的“华丽转身”。在中文系任内，他刊发有多篇论文。1956—1957年间，曾应上海某出版社之约写完《先秦文学史讲义》。书稿寄往出版社后因“反右”背景下的“厚今薄古”的文化-学术政策，该出版社无奈放弃出版计划，不过依然还是将一份“润笔”付与陈师了。相比今日教授们常常要自掏腰包，出上一本“书”，陈师的这番“遭遇”，几乎天方夜谭。陈师尚留有这方面的诸多遗稿。生于1905年的陈师，幼年与少年即习“旧学”，后转向新学；中年之后，因学术的外部环境骤变而从西学转回“中学”。这一番跌宕起伏，陈师遂由此从容游走于法学与文学。即此一端，百年中国现代法学，其已可与吴经熊、杨兆龙辈一媲。“院系调整”而绝陈师法学上之大业，却令他浸淫于中国古典文学，益显博通中西、古今。此又为所谓“国家不幸诗家幸”之一例？

陈师也并没有幸免于“反右”这样的政治事件。曾有长者相告，五十年代的厦门大学，两个公认最有风度的教授，陈朝璧教授仪表堂堂、气宇轩昂，郑翼棠教授一派外交家风范。却是在“反右”“文革”中，陈师是弯腰、弓背而行的。这样的一个陈朝璧教授，又是内心豁达、淡然的。何师忆及师尊，所述就含了这一节。陈师内心的豁达、淡然，更可由耄耋之年重续学统以见之。我生何幸，郑师授我英文，无怪乎示我以华贵；陈师于五老峰下亲辟课室供我等少年修业，讲坛之上更以昂藏气度垂范我布衣风骨。斯人已逝，到我布衣华服于芙蓉园时，自该踏着师尊的身影、沿着师尊的足印，延了一众师长的风采、气度，以告慰前贤，以助力学子。

我感怀陈师。若非正当盛年却于学术一域不得已由法学转文学、从西学归中学，若非他个体生命历经磨难，他也还能于晚年有此功力、有此敏察、有此视界，为中国法制进程之预言者与接续文化传统之先行者吗？晚年的陈师，于青山脚下、古刹之旁、波涛尽处，戚戚然于“吾道也孤”乎？那么，陈师后半生之际遇，不过“天降大任于斯人也”？他一己之悲悯与传奇，不过芙蓉园之悲悯与传奇之一折？

惟愿此文，可添陈师天国的一丝慰藉；更借此文，遥祭陈师于今日少年之读、思中。

我的老师，我生命的底色

这一卷“思忆我师”之中，此文是专门写作的。不过，因缘却是早定的。在 2010 年 5 月写出前文“而立之年，领悟师道”之后，时时想着如何把对老师的另外的感悟写出。此番得以随缘而遂愿。

——题记

敬谢我师

老师之于学生，或以为“梯子”，承托着学生，可使之看得更远。这个说法，固然道出了为人师者的责任所在，又明显存有蹩脚处。虽有古人“弟子不必不如师”的说法，争气的老师也是要“师者不必不如徒”的。老师做了“梯子”，让“梯”上的学生站得高、看得远了，怎么自己就不能和学生看得一样远甚至依然比学生看得更远呢？或以为“蜡烛”，照亮学生脚下的路，自己却是“泪始干”。这个说法，尽释师者的奉献情怀，却总显过于“悲情”。为什么为人师者不可以在奉献于学生之时不以自我牺牲而能自我成就呢？不过，长年里，对这样两个说法，实在也没有生出质疑、不满、颠覆之念。

2010 年夏末，几十个学生，厦门大学法学院 2005 届硕士研究生中的一部分，在毕业五周年后重聚于五老峰下白城边。我如往常参与学生毕业后聚会的心境愉快地应邀前往，略有不同的是这个下午我特意穿了件与校园中的木棉花一般颜色的中式衬衣出现在同学们面前。我想在这个夏末让同学们看到以前只在仲春的校园里才看得到的颜色，忆起魁伟的木棉树和火红的木棉花。真是巧得很。同学们事先布置的场景中，投影屏幕上的“五周年同学会”等字样，其底衬恰和我的衬衫颜色一样。这巧合，让我念头闪动间明白，我们这些为人师者，之于眼前这批正好“而立”的年轻人，恰是底色。于是，到该我向同学们致意时，我所说的话，也就脱不开“底色”一端了。

学校和老师，堪可视为一个人一生的底板和底色。每个人，在自己的底板和底色上书写自己的字体和颜色，各有各的写法、各有各的颜色。通常来说，这底板和底色是隐而不显的。只在同学会上，这底板和底色显了形、现了彩；或在夜深人静时，不经意间想起做学生时的趣事、囧事，记起受过老师的教诲或曾被老师冤枉；又或者在看起来有所成就时对大学和老师生出一份感激之心，在人生不如意的境况中还能因曾经的学生生涯而带来些许的安慰与温暖；又或者在有机会发表诸如“获奖感言”时，也带上一句“感谢我的母校和老师”，等等。老师非如梯子般在脚下，更不是烧光了的蜡烛，在，却是退隐的。自然，于每个人而言，这底板，最好是质地上佳的；这底色，最好是纯净的、斑斓的。如此，每个学生，方能尽其才情，以最好的字体和颜色，书写自己的人生。

这样想着，渐渐再忆自己做学生的诸般情形，恰好可以拿来验证“底色”之说，也明了我自己这“一色”是如何受了从小学到大学一众底色的映衬的。谨以这篇文字，献给我所有的老师，尽管他们中的绝大多数没有出现在下文中；我对老师所有的谢意和感恩，简约为本文的标题。我希望，这是我向老师表达情意的最好方式。

林师有振先生：不止一缕阳光

我高中一年级时，林老师是班主任，教的语文。

推算起来，那时他还没到我现在的年龄，四十出头吧。要是猜错了，老师定然也不会怪我的。至今我还觉得遗憾的是，我只在这一年时间，直接做他的学生。高二，我在文科班，他只教理科快班的语文。高兴的是，中学所有的老师中，我和老师的来往是最多的，这几年更是。当年，老师给我最初和最深的印象是他身形修长、气质儒雅。我那时分明有一种心思，却是少年得根本无法以词达意。后来才明白，我那心思，叫仰慕。书上读到的美男子邹忌“形貌昳丽”，按我少年的识见，老师是最可参照的了。

他做起班主任来，也正是移来了他的身形和气质。我近年思忆，他这班主任做得，正是“修长、儒雅”。有时，下午的自修课，他领我们在操场上打排球。那个时候我们玩心很重，也全然没有高考的压力，不似现在的高中生。老师带我们打球，其好玩已不尽在玩本身了，更是好玩在别班的班主任可不会这么做。那份少年得意，至今还时时带我神回高中的操场。“老师和我们一起打球”，这样的场景，若非老师这么做了，我可是完全不会想和不敢想的。于是觉得，老师不只是在黑板前，也还在我身边、在我们中间。他让我面对他的时候完全没有压力、顾虑。高考结束后的一个夏夜，他把我们这些学生召到家中小院里，大概去了十几个人吧。老师逐一问每个同学，估测自己高考的分数。我轻松、安然如实以言，这分数竟估得和实际所得相差不过三两分。这一点，我是很愧对老师的。多数时候，我总是容易让学生有压力，不能轻松、自如。弟子不免不如师。

还有一次，记得好像本该是作文课的。他没让我们如常作文，竟然领我们全班出了教室，更出了校门，向学校的后山去了。大约一个小时的脚程后，我们到了平时可以在教室外见到的、耸立于山顶的昭明寺。这寺，说是因编了《昭明文选》的昭明太子所建而名。一路上，我大部分时间离老师近，听得他侃侃道来，具体内容固是模糊了，却还记得他大约是“天文地理”般说着的，再不是课室里讲的那一些。真是有趣得紧。我那时是光顾着欢喜了。日后才多少识得，他这般的做老师，已是深入骨髓地影响了我，让我不期然地“学样”了。这十年间，我不时和我的学生一起，在户外，白城海边、禅院后山、湖畔林间，留下足印和心音，以弦歌不辍，以追慕前贤。这一点，我可以欣然以对老师了。

我这么思忆间，惊觉于我生命中一种神秘力量的作用。中学的后三年，我伴着文庙大成殿就学，可眺望昭明古寺；大学的四年，我在南普陀旁度过，寺里寺外的菩提树是校园中的凤凰、木棉之外我最常见的了；从此，我是再没有离开这所与禅院于五老峰下紧邻的学园了。初中二年级时，从杂志上看到一所大学的图片，当时觉得这校舍怎么看起来像是一座庙，很是惊讶和好奇。倒也没有生出来去这叫厦门大学的地方读读书的念头。两年后的高考，我似乎是无意而鬼使神差地撞入芙蓉园的。我这一生，读书、教书，自该比别人静心、净心？合当比别人清心、倾心？

老师的作文课还另有他独特的形式。他组织了一次故事会，每个同学在班上讲一个小故事。这在我当时是非常为难的事情，其难不亚于英语课和体育课。我讲了一个所谓的“红色故事”，从一本书上看来的一个故事。与其说讲故事，不如说是把故事背了出来。我少不更事，那时只会讲红色故事；我不免死心眼，只会用最笨的功夫来背，勉强算是“讲”故事。不过老师后来的评价是我讲得非常不错，记得还是几个讲得好的同学之一。我非常意外，意外到顾不上沾沾自喜了。估计老师在这件事上不够诚实，他得鼓励一个稚嫩的少年。或许，在老师的立场，无所谓讲得好不好的，重要的是讲这种表达方式，另一种“作文”；只要讲了，就是好的，哪怕是背这样的“伪讲”。无疑，老师在另一个方面奠定了我今日为人师的基础。我后来得以胜任这所大学的辩论队教练、无数次出任最高水准的国际大学生华语辩论赛评委，更以越来越多的精力和课程，助力于我的学生的口头表达能力，从本科生的《辩论与演讲》《公众表达》和《阅读·理解·表达》，到硕士生的《法律谈判》，写得出《道亦有道——口语交际的策略与方法》。我甚至有不少时间，为机关、企业的成年人做系统的语言训练。我尽我所能，帮助人们克服口语表达中的心理障碍和克服由此心理障碍所造成的语言障碍。以口述心、恭敬母语，是我在这其中最为强调的。遥想当年，老师给了我一缕阳光，我自己却自顾自灿烂了。

愿我座前所有的学生，温暖于林师的这一缕阳光。

施师世诗先生：文脉以继

我只从林老师学了一年的高中语文，这让我一直感到遗憾。不过，从得失上说，却是另一回事。这自然和高二教我语文的施师有关。施老师的尊名读起来有点拗口，字面看起来却很是古雅，“世诗”。他比林老师要年长不少，今年也大约是九十了吧。淘气点说，林老师是“本朝”的，施老师则明显是“前朝”的，我那时就觉得这个老师真的是“老”师，很有距离感，以为老师只在讲台上。

这个“老”师，自然该是受了现代教育的，也定是受了些旧式教育的，正是“中学”和“西学”兼有的。当时想不了这么细致，这些年往顾少年问学时光，于这“老”师，每每就这么认定了。这发现带给我又一欣喜。又一个老师，他身上有“旧学”的痕迹、气息。幸哉，我得遇施师于少年，于旧时县学里、大成殿边。在这个全方位革命式变动的二十世纪中国，我这个懵懂少年，从中学而大学，居然可以连连因了我的老师而接续上学统的传承，略略地跨越了断裂的时代进程。这一缕文脉，于一个学童般的少年，无疑很必要；于一个民族的文化转承，自也可当一曲山中细流。

那时课堂的感觉是，施师于现代汉语方面，并不擅长。为此我是颇有几分失落和无奈的。那时也知道，文言，正是施师所长了，他于这个部分也明显地从容自如、游刃有余。我日后明白，施师给了我极好的古文功底。我们一众学生，还因施师而越过课本，由他领着，添了对中国古典文学的了解和喜好。最早知道《聊斋》，即是施师课上言及。那个年头，1979 年，中国也近于百废待兴了。教育一道，也得从基础做起。我到了高中二年级方从老师讲台上知悉《聊斋》，即属一叶知秋般情形。有个同学向老师借了《聊斋》来读，我惊且羡。惊异于老师像另拥有一个世界，艳羡于同学得了老师另待。动了念头也向老师借读，终是作罢，以为那本子一定珍稀得很，不敢贸然。这番少年心境，怕要相比于情窦初开而情怯了。多难得的心路。

我渐渐对我的母语有了更多的感悟，也渐渐写得纯正的中文。若非那一年，世诗老先生课任我的中学语文，我必不致如此。

乡村小学的老师，定了我一生的阅读

我的中学读得很简单，两年初中、两年高中就结束了。这是政治家决定教育的结果，“教育要改革，学制要缩短”。于是我就“赚了”人生的两年。比起来，小学却读得有点“乱”。一来，读过的学校有很多所，不过都算是乡村小学，因为那时父亲的工作在乡间而父母的老家又本在乡下；二来，一年级读了两次，三年级读了三个学期。这都和留级没有关系。两次一年级，是因为随父亲工作变动而换了学校，然后我懵懵懂懂间重读了一年级。这是事后多年才忆起的。三个学期的三年级，是从春季入学改为秋季入学，使得我该升入四年级的时候却没有四年级可升，要等上一个学期，于是“原地”再读一个学期的三年级。这般读下小学，也算是“基础教育很扎实”？这很“乱”的乡村小学时期，依然是我不折不扣的生命底色。

记得是二年级开始写作文。这作文，是很得老师好评的，至今没有完全淡去当时看到老师在作文本上的评语时的得意。老师写了一小段话，忘了，最后一句是“多读红色课外书”。那个年代独有的语言。想来是一年级读了两回的缘故，作文写得比同学要好一些。老师的评语，不仅添了我写作文的信心，更是对我后来的课外阅读生出大影响。我估计是带了想得到更多表扬的心思，比同龄人多读了些书。那个时候不怎么“课外作业”的。放学了，同伴们一块疯玩。偷来废的、好的灯泡，用来和农民的孩子打仗；随大点的孩子，偷雷管、炸药，自制了去河里炸鱼；偷不到炸药了，就偷石灰，筑起坝来把鱼毒翻；还偷瓜果，被“农民伯伯”追得满山仓皇逃窜。不过，我读书，在不玩的时候。那却是一个今日看来没书可读的时代。父亲为我订了一份课外读物，名为《红小兵》的杂志。这是父亲在我的学业上对我做的最重要的事情，不知道是否他看了老师对我作文的评语后这么做的。一个夜晚，父亲把这薄薄的一册递给我，我几乎抑制不住欣喜。然而，这《红小兵》完全不能满足我的阅读欲。我果真另外读了很多“红色书籍”，《王若飞在狱中》《革命母亲夏娘娘》（我看《人间正道是沧桑》中的“瞿恩母亲”这个人物，就很容易想到这“夏娘娘”）等，以及抗日的小说《大刀记》（前些年拍成电视剧了），描写“劳苦大众”的小说《三辈儿》等。我居然还从家里找到了当年属于“封资修”的书籍，《绣像全本三国演义》，线装竖排版的，读不懂，却也是读了，看那书中的人物绣像，很觉得古怪。也没人告诉我这是一本什么样的书。对我来说，这些都还不够，可我已经没有书读了。姐姐的语文和算术课本，是这个饥饿的孩童最后可以读的书了。如果不是老师的这么一句评语，我不知道，后来我是否进入这样的阅读饥饿状态；现在看回去，我知道，这对我很重要的。可惜，我不记得老师的名讳了，也不知道老师如今在何处。

这影响甚至延至我做了助教、讲师、副教授、教授这么一路下来的阅读。我这阅读，很随性子，完全没有套路，不合一般意义上的“学术规范”。自己读得其乐无穷，驳杂之极，教鞭在手娓娓道来时表面看来颇有几分像了信手拈来式的旁征博引。我若也算是“学问中人”，那是很乐意坦承自己做的是“野”的学问的。乡居时期的那个野孩子，不仅疯玩，当年也是自己种过一些果蔬的，还赶着退潮讨过小海的，大了以后又只在大学重建的初期读了极有限的四年书。不做野学问都难。我很受用这样的读书和为学。若有人羡慕我这样无拘无束、自得其乐的读书，也是该的。这当下像是越来越难得了。

叶圣陶曾告诫“胆敢教书”的人，“教师无小节”。我深以为然。老师的一句话，会给学生带来完全无法想象的影响。不只是“圣人”需要谨言慎行，为人师者，之于学生更要谨言慎行的，不可随意、简慢。些微的随意、简慢，都可能让学生一生的底板、底色带了瑕疵、添了杂质。

三个老师，我的专业底色

今人通常说到"业师"，说的大抵是指导自己攻读博士学位的老师，扩大点说一个拿了硕士学位的人也有把导师恭称为"业师"的。我没有这样的"业师"。我的"业师"，只在我就读厦门大学法律系本科的四年里，其中学养最好并在专业上对我影响最大的有三个老师。

盛师辛民教授在我大学生涯起始的第一学期讲授《法学基础理论》。这是三十年前的名称，现在称为《法理学》。我是越往后，越觉得盛师智慧之深，越觉得他气宇、面相上就让人以之为智者。课堂里做他学生的时候，我过于年少，几乎听不懂他课上讲的。这反而给我后来独立三尺讲台以极大的胆气，我不以让学生"听懂"来自限我课堂上的思维展开。我的老师当年就是陈示一己之智，"听不懂"那自然是做学生的该自己解决的。否则还叫大学？毕业之后，忝为老师的同事，延续了听老师说话的机缘，直到近年还是。越发地知道老师出言必有深意。在同辈且同行的教授中，盛师的识见是深刻的，其学望却不著。不知是这小岛远离权力中心之故，还是盛师行迹近于"述而少作"之故，或二者兼而有之。静读、静思，明镜于心而寡言，该是他中年后期至今的生命形态。他是那种尤其能促使你发现问题、由之生出无尽好奇心的老师，三言两语间令学生茅塞顿开。我一直勉力按老师的垂范去做，即便"邯郸学步"也无伤大雅的吧？他期末考试的方式，也是对我影响至深的。那日到了考试的教室，老师说，开卷考，自选一题作文，抄笔记顶多及格。想来当时和我一样的同学不少。我是快要休克了，无力、无助、无奈。懵半小时后才回得神来，胡乱写了点字，交了。居然也及格了。多年后我渐渐悟到，老师让我明白的是，比起考什么来，怎么考也很重要甚至更重要。老师这考法，分明就是"无招之招"。我后来就尽量依老师演示的"无招"来使我自己的"无招"，这些年里每学年的两门本科生选修课都是不期末考试的，而其实是每周都在考试。我更尽量将这"无招"从考试扩及于日常教学，让我座前一干少年书生，不是"听教授讲课的"，而是"讲给教授听的"。一派无拘无束、天马行空。

胡师大展教授在三年级时授《外国法制史》一课。那时中国法学在筚路蓝缕的重建中，做学生的则难得手上能握一本教科书。"没有教科书可读的学生"，就是我那个时期的法科学生。不过，这《外国法制史》一科，是有教科书的。当时有关方面组织全国的教师合力编写出相应课程的教科书，陆续出版。胡师是参与写作《外国法制史》的几个教师之一。这让我们很景仰他。做助教时书店里遇到老师，看他买了一本书，《五十奥义书》，顿然觉得老师读这样的书，那是另一个世界里的人，对自己无比惭愧。我这乱读的癖好，多少和胡师有些关系的。得了他无形的压力，受了些激励。期末考试，老师的考法倒是中规中矩的。我坐在最后一排，还剩半小时就答完卷了，犹豫着交不交卷。老师坐到我身边，像是识透了我的心思，说，如果我是全班第一个交卷的，他给我加五分。我由此学会了用一种轻松的方式和学生说话，更知道身为人师是可以在讲台的肃穆、凝重之外于讲台下给学生"另一种面孔"的。多年以后，我挣了个"副教授"的头衔了，老师也实实在在地成了"老"教授了，有时在校园里不期而遇，我就陪着老师走一段，就便讨教些问题，解去一些困惑。我一直以为，那样的景象，十足的"薪火相传"了，最是校园气息。

不同的是，《民法》一课，由几个老师讲授。薛师景元教授最能释出民法的精髓。他是不擅口传的，课堂上平平淡淡，完全没有美感。偶尔说到点有趣的，我们乐了，他依然不改神色，仿佛我们的笑声和他全然无关。我在薛师的课堂上是提不起兴趣的。所幸，我还是本分的学生，兴趣虽无笔记还是认真的、细致的。如此，到得期末复习时，方深为薛师折服。通览笔记，系统复习，这下惊觉薛师所授，条理清晰、体系严谨、逻辑周延。后来慢慢知道，那叫做"逻辑美"。薛师示我以这般异样、别致的美，最适合我这完全没有艺术修为者领略、品悟了。开课三两年后，成一小文，《观点、材料、体系：理论法学教学三要素》，由

《中国教育报》刊出，并莫名其妙地得了报社办的征文比赛的二等奖。我对于“体系严谨”的偏爱和敏感，不脱薛师教导之功。充任教习有年，益发感受到民法之为制度设计、民法学之为理论体系，其内在的融贯、严谨、自洽；也由此认定民法学之处法学院专业教育的基础性和根本性地位，常常以此提点初学之少年。我也由薛师而知，授业之时语言能力之不足恃，内在的神韵最为重要；复由此提示于座前诸生，课室之中，勿“以言害意”，无端嫌了老师授课平淡而不肯自己用心。

盛、胡、薛三师，于我专业上教益最深。我后来教书、治学，巧得和三位师长的课程有所契合，底板、底色之说，益显其恰当。十几年来，我为硕士生、本科生所授课程，就有《法理学》一端；日常专业写作的兴趣，这个领域也占了一半。这是盛师的底色。毕业之初，我讲授《中国法律思想史》，后来因同事游学东瀛之故接手《中国法制史》而把二者合成《中国法律史》。虽与胡师的《外国法制史》有别，却同属法史学一域。这二十年间，也讲授、研习宪法学。若言实在法体系之两大支柱，实为民法与宪法；法学之中，能与法理学、法史学并列而成重要者，也不过民法学和宪法学。我以宪法学为业，大抵勉强堪比于民法学。于我，盛、胡、薛三师，足称“业师”。

何师永龄先生：他知道我该怎么生活

当年是林师将我“送进”文科班的。进入高二前，分文理科。我知道按自己的学业，适合文科，理、化两科学得很不好。可真自己选择文科，心理上有障碍，未必会理智地为自己做决定。林老师知道怎样的选择对我最合适。文科或理科，于我是很重要的一次选择。若非入了文科，我断不会来这天风海韵的学园。可若非何师，我则在四年学业后一脚步出芙蓉园，也不知是海阔天空还是跌宕起伏，总之不是现在这样写着“与学生书”的。

1984年我本科毕业的时候，法学教育也还在恢复之中的。师资奇缺，这让我捡了大便宜,可以只读四年书而得忝为人师。那个时候真正叫“毕业分配”,没啥余地自己找工作的。系里决定“分配”我留校做助教。我后来意识到这该是当时负有行政工作的何师的主意。和我的其他同学相比,换作何师之外的别人拿主意,是不会这么“分配”我的。因为看来我没有任何突出之处,没人会觉得这个还不满二十周岁的青涩的年轻人未来适合传道、授业、解惑。所幸,何师知道。他留下了我。

我这几年也非常好奇,他老人家怎么就知道?我也不好意思现在来问他当年的这个问题。于是,我猜测,在他眼里我是个怎样的学生,勉强合了他认定的为人师者的标准。一年级下学期,全校范围组织了一次“百科知识竞赛”。我参加了,以一年级而和全校1977级、1978级、1979级的学长们同台竞技。本当好玩的,张榜之时却让我几乎狂喜,我名列全校的第九名。班上另一个同学则列全校的第十四名。这个只有四十个人的一年级的班级,在全校的大约四千名学生中抢了百科知识竞赛的前十五名中的两个位置,至今想来还不免有些得意的。估计,另有人为此得意,何师。那天路遇何师,他显然很高兴这张榜,他夸我,“你不错嘛”。何师是比较看重驳杂读书的,他自己好像也是读起书来不免有些杂。复旦的周振鹤教授回忆他大一、大二“寄读”厦门大学两年时间里,所遇老师涉猎之广博,令他惊诧。这所学园,大抵尤显这样的读书传统。我那乡村小学的老师种下的“因”,到了五老峰下,有了“果”?

何师授课,颇为注重课堂讨论。他要求我们事先写出发言提纲交给他。至少有一回,他在我交的提纲上批复,说是有独立见解,课堂上可重点发言。于是我只好硬着头皮,遵师嘱而抒己见。后来随何师做学年论文和毕业论文,大概他觉得还过得去,专业上属于有资质、潜力的。

我课业上其实不太用功,添了不少空闲的时间。于是我也如鬼使神差般,凑热闹地参与了当时由校团委组建的“厦门大学学生演讲研究会”,居然混了个“副会长”,组织了一些活动,多了些上台当众说话的机会,磨了些从山村带来的羞色和羞涩。也不知道，这些是否都添了何师对我的信心，让他按自己的慧眼将那薪火相传的一根柴递到我的手上。我也不知道，现在他对我这根柴烧得是否满意。他是不批评学生的老师，非常温和。估计我做得不好，他也依然不会批评我的，只待我自己察觉。

四年时间里，何师是我接触最多的师长；也因课业的缘故，我可能是何师了解得比较多的学生。也许，以他的慧眼，他渐渐觉得这学生这辈子只适合讲台上挥洒，做不来别的。“江湖”上水深流急，还是古刹之旁三尺讲台简单些、容易些，遂赐了我教席，让我有容身之地。

在我年少不能自知时，我的老师知道；在我完全不能预知我未来的字体和颜色时，老师们为我备好了我的底色。

我愿天下少年，如我这般得遇其师；我愿天下少年，一生色彩纯净、斑斓。

卷二

新同学至

大学与人生

为厦门大学本科新生讲“大学与人生”，已历经年。此番整合经年之思，以成文。

——题记

我且勉力

每年9月，大学里算是“年年月月花相同，每年此月新面孔”。每一个以新生角色开始大学生涯的年轻人，都需要认真思考大学与人生的关系问题，判别大学之于自己有何意义。此简言之，就是“大学为什么是值得上的”？不想这个问题，就径直花去四年的青春，再加破财，岂不冒冒失失、浑浑噩噩？我相信，这个问题想得越严肃，越是表明一个年轻人的自我责任意识，表明他真正的独立性所在。至于这答案，在今天几乎不会再是政治家的那种“为中华之崛起”之情怀，也不会再是古人那种光宗耀祖之心绪。这无妨。这些答案，今日看来自有其不必要和不合宜处了。我赞成甚至鼓励，每个新生，从自己的角度来思索大学的意义。可以暂时放下民族情怀和人类忧虑的。

大学之于人生具有何种意义，不独是同学们需要认真思考的，也是每一个学生们恭称为“老师”者需要认真、审慎和深入思考的。所不同在于，为人师者思索大学与人生的关系问题，不是为他自己的人生寻找答案，而是就他自己的“传道、授业、解惑”定一个基点，做他立身讲台、静坐批阅的圭臬，以明晰为人师者该如何自我对待、又该如何对待学生，由此而使自己凡常的劳作能够带有某种超越性和神圣性。所谓“人类灵魂的工程师”之崇高赞誉，才不致变得凭空而来遂成狂妄自大。一个没有想过，乃至刻意推诿这个问题的人，面对学生他该惭愧的；不仅惭愧，更该自谴失职、误人。舞台之上，粉墨生涯，古人竟以为“戏比天大”；讲台之上，课徒授业，岂能不“课比戏大”？

不过，这“大学与人生”一题，不仅于一个年轻人而言属于“兹事体大”，本身也算是个大话题了。做学生的，甫入校园，或新鲜惊异，或顿然失望，甚或本就带了一肚子的无奈、委屈而来，顾不上去想，也是正常的。有所思忖，又一时间难明就里，更是正常。至于做老师的，要想拿这题目做文章，多少也还是有三分不易的。一来，这人该在大学里教上三十年的书吧，有着“而立”的教龄，方好做出这文章的；二来，这人该在世上活过五十吧，以“知天命”之境况，方好说出些中肯的话来，供一众少年书生参考了。按照这个标准，我这些年来讲这话题，今日击键成文，就算不至于轻言，也还是难免有不着调处。可是，也没见着在芙蓉园里另有比我合适的人，乐意为一茬一茬的新生释解这一问题；放眼而去，也没读到高明之人有心为文，肯为天下少年指点人生。我且勉力，言说一二，以助少年之长成，以尽师者之天职。

具备基本的专业素养

当代的大学，已迥异于讲究博雅教育时代的大学。源自希腊文明的“七艺”，文法、修辞、辩证法，算术、几何、天文、音乐，所体现的正是博雅的教育旨趣。进一步以言，西人七艺中，前三者“旨在面向人类的心智，即正确地思考和表达所应该遵循的法则”，后四者“面向实际世界中的事物，它们的作用在于促成对数字、空间、星宿和声音法则的理解”。比起来，今日的高等教育，采取的是相当细密的专业化模式。对一个尚未正式进入大学的年轻人而言，这直接就体现在大学的录取通知书上。这通知书，不仅表明一个年轻人将要就读的是哪一所大学，也注明了或者说安排好了这个年轻人将在这所大学的哪个学院、修习哪一专业。入学了,各往各的学院、科系报到、修课;四年后,毕业证书上再记明其所修学科。这好有一比。入学时,这些年轻人像是一批中药材,安在不同的格子里,格中药材的不同,区别了其药用上的功效,或疏或堵,或通或补。四年加工之后,药材作为成药(先假定是成药了),各按其功效以发挥作用。

大抵可以说,所谓文明,自来就表现为分工这一形态的。如治者与被治者之分,巫以沟通神—人而区别于凡常之人,皆是文明早期即可见者。到了后来,尤其自工业革命后,分工更是细密。这种细密的分工,社会学家甚至认其为现代社会的特征而成“现代性的后果”,也有以为其造成了本为一体性的社会隔阂、对立的。显然的是,潜藏在细密分工格局之下的,是人类对行动领域的有效性的追求,那种不可遏制的、几乎无止境的追求。大学的专业化模式,实对应着文明在今天所呈现的高度细密的专业化分工格局。这一对应,有两方面的意义。其一,大学以此种对应,为人类的当下需要和文明流变提供相应的智识资源;其二,大学由此才可能吸引年轻人肯前来就学,学以致用。就后一方面,意味着大学提供给一个年轻人在专业分工格局下所需要的基本专业素养。

这种基本的专业素养,是一个年轻人毕业后进入特定的职业—专业领域的基础和门径,否则他难以在特定领域有所建树、有所造诣、有所优势。这也就是,通过高等教育,为未来人生造就个人的某种相对优势,从而具备良好的乃至突出的生存竞争力。在选择读哪所大学、学哪一专业的时候,普遍存在的就业取向,即哪一职业就业容易以及哪一职业体面、待遇优厚,正是含着生存竞争方面考虑的。这实在合了人之常情,不过却未必算是理性的,更有将大学教育简约为职业教育之嫌,而造成买椟还珠之憾。

我建议同学们按照自己的兴趣、志向选择将要学习的专业,而不是过多考虑就业因素。第一,入学前专业选择时(包括入学稍后现在各学校通常提供给同学们的转专业机会)以为最好的职业选择,在四年后完全可能逆转。这是一个带着高度的不确定性的时代。所谓人算不如天算,这属其中之一了。第二,据职场人士所言，也按我观察我的学生的毕业去向，走出校门时每每不是凭着专业素养谋得一份工作的。据以获取工作机会的，常常是专业素养之外的另一些因素，所谓“综合素质”。这两点说的是，专业素养之于个人生存竞争，并不可靠。第三，逆了自己的趣向和自身的特点，纯按就业因素选择大学的专业，必定使四年的学习变得困难、煎熬甚至有痛不欲生之感。颇有点自作孽的意味了。大可不必的。

一个对于所学专业本是趣向所在，至少并不排斥的学生，该如何通过专业学习提升自己的专业素养呢？撇开不同学科、专业的特点和相互差异来说，该是区分技能性学习和原理性学习，即器的掌握与道的体悟，自觉地在原理性的层面学习，而不是停留于技能性学习。技能性学习无疑是简单的、轻松的，容易让人看到学习的成果而生满足感和自我肯定的；原理性学习不仅复杂、劳神，也常常无法知晓自己是否“学会了”。天性上就容易排斥这原理性学习。技能和原理之间的差异，固然在于是否“直接有用”上，更在于手脚麻利还是提升智力。这使技能之所“用”只在一狭小范围，原理之所“用”则可在一宽阔得多的范围。如果大学的学习仅局限于技能性学习，那是无异于到驾校学开车般。大学固然不该只提供技能性的教学，学生也不该只满足于变手脚为更加灵便的技能性学习。

另一角度说，大学里要改被动学习为主动学习。我所理解的主动学习有两层意思。其一，大学是自己找答案的学习。无疑问不成学。疑而问于师，是学生的本分；问而不答（非问而不理），乃大学里老师的权利。这也算好老师的好教习了。有所指点、有所提示，给了方向、明了路径，山终究得自己去登的。到了山顶，自知风景。老师们若是个个口若悬河，将山顶风光逐一道出，失了学生们自行登顶的机会或诱因，这又算哪样的好老师？不过看起来慈眉善目而已，却不知、不肯砥砺少年智识。其二，在老师的要求、课程的编排、学分的额定之外，自己为自己设定学习目标。例如，多读一个版本的教科书，多修一门按学分要求本可以不修的课程，不为学分而旁听课程和多听讲座等。

做学生的，遇着好的老师，专业且敬业，自然是人生的福分。真个遇着了这样的“明师”，有人、有时不免就心生欢喜、景仰痴迷的。这却得小心了。任何老师都是有缺点的。有的老师，课堂上可以领学生触摸学科前沿，基础知识的讲授可能就不怎么周全、扎实；有的老师教给学生扎实的基础知识，于学科最新动态不免有所疏隔。或者，有那星光闪闪、天马行空、思维跳跃的老师，极富启发性，可很难在教学中训练同学们的逻辑能力；有条理清晰、旁征博引、理据严谨的，又极可能反而限制了学生思维的自由展开。这样的两种老师，正好优劣对举。不同的老师，对了不同学生的偏好或思维特性。好学生未必就是从老师那儿学得最多的，而是善于自我补足老师在教学上的不足的。于他，则是能够不依赖老师，而成个人独立性的表现。这样的学生，正是能够教会自己的学生。他因此是他自己的老师。

大学分设不同的专业而造成学生都得学有所“专”是一回事，人生全然按照这一“专”而为“业”大可另一回事。寒暑相移，秋去春来，到了学业将成而择业之时，不必受所学专业局限、羁绊的。有合适的工作可做，尽也可将所学专业放下。很多同学总心有不甘，以为一旦学非所用，岂不白学了？其实不白学。严格意义上的专业学习，知识的掌握和技能的获得，是表面的。如果真能够到达原理性学习的层面，所获得的思维训练，不论做的哪行，或直接可知地，或隐蔽潜在地，总能够起相应的作用。例如，法学院毕业的学生，若做了行政性的事务或做的是贸易上的工作，严谨的思维对于工作的细致、周全岂非必要？我甚至以为，学非所用毋宁是人生之幸福。一个人获得了专业上的优势，实际上也意味着专业之外的相应劣势；一个人可以不依赖大学的专业而工作，岂不表明他更多的甚至无限的生存选择空间和机会？记得钱锺书曾说过，一个人成为一个领域的专家，主观上是可以自豪的，客观上其实却是无奈的。算是可以用来解释学非所用是人生之幸福了。

说专业无关就业，还含了另一层意思。

人生中的一个过渡期

普通人家的年轻人，高中毕业后如果不是继续学业，总该是寻一份工作，开始挣钱养活自己。这工作，通常也不会是“自由职业”，或易文为生，或街头练摊，多半是把自己变成别人的雇员，领一笔薪水。这意味着，不读大学的话，就结束了学生的身份，进入一个成年人的世界，按照成年人的游戏规则，做事、说话，与人交往。可是，这个时候，从学生到成人，这年轻人能适应吗？他准备好了吗？多半可以推测，这个转变虽然不至于是人生中的剧变，却也是足够大的变化了。以今日年轻人心智成长的状态，这个转变大抵接近于把一个不会游泳的人置于海中。这陡然入海，重则几乎要淹死，轻则大大呛了海水，从此内心如杯弓蛇影般视人生为危途、畏途。

四年的大学，由此显示了她对于一个年轻人的一生的另一面的意义。上大学成为年轻人一生的一个过渡期。他在这个人生的过渡期里，为自己未来进入成年人的世界做准备。所以这也是未来人生的一个必要的准备期。所需要准备的，不光是和智力因素相关的专业素养，还有和心性相关的心理成长。一般的说法是，专业素养解决的是一个年轻人融入社会、独立生活后的做事能力，他还需要另外的素养以使自己具备做人的能力。这“做人”，说的自然不是一个人如何工于心计、城府深沉，而是一个人于自己的心性、能力、特点有基本的和准确的了解，也能对人情世故有基本的把握，由此而于己能进退有据，于人可行止有度。

一个人学养丰厚，算是向外的有所知。他还该有向内对自己的知，所谓自知之明。这需要时间，需要相应的外部条件。家居之中，一心高考，年纪又略小，大概是顾不上寻那自知之明的。进入大学，离家了，学业也不至于成为压力了，身边更有一批同样优秀甚至更优秀的同龄人来自不同地方、不同家境而为自己的参照，正是可以了解自己以“自明”的绝好时机。大学期间若能得了对自己的大概了解，是大可以庆幸、安慰的。未来人生的考虑、人己之间的交往，都会避免了很多的歧误、不当。

自知之外，尚有知人一端，也是人生准备中的必要项目。我把这称为学会阅人。遇事不是只从一己的立场考虑，在适度考虑他人立场时能够真切、细致地体会他人的感受，这不仅是个人的修养、德性的问题，也是一个人的人生智慧。否则，自己总遭别人误解，或总是误解了别人；或者一己之言行，于人有所伤害，却浑然不觉。人生如此，也算与邻为壑，及至他视人为地狱人亦以之为地狱了。儒家所谓“修己以安人”，大抵即可理解为，自知且知人，而后能进退有据、行止有度。

把大学做人生的准备期，我们就好比把大学作为泳池。一个年轻人，在下海搏击风浪，或顺风或逆水之前，在泳池里先学习游泳，至少开始熟悉水性。一日下了海，至少不那么的纯然是个“旱鸭子”，虽远没有“浪里白条”般好水性，畏惧之心却能尽去，谨慎、小心地按类似于“摸着石头过河”的心态，渐渐前行，渐行中渐长水性，而后可以从容自如、游刃有余。曾有友人之子，考入厦门大学。他一、二年级时如许多人一样，自租房子住，三年级了，反住回学校安排的寝室了。我多有不解。一般的学生，到高年级了，因了恋爱、静读等才自行租房，一、二年级倒未必。他似是反向而行。他和我解释说，与人同居一室，学习与人相处，是难得的锻炼机会。所以宁肯承受生活上的诸多不便，也要从中于真实的人际关系有所体验。进一步说来，大学这个游泳池，是专门供年轻人试错的。错了，有补救的机会；错了，有尽职的老师和友善的同学指点、提示。按我一个硕士毕业后做了多年的律师的学生说法，学校和社会的区别，在容错机制的不同。当然，也不是因此就说大学里什么错都可以出现的。考试作弊等自然不在此刻所说试错之列的。说起考试，大抵也是有分别的。大学里，何时考试、考什么（不说具体内容，至少科目吧）是清楚的，考不好可以补考，至不济延迟毕业而已。一日工作了，就几乎每时每刻处在考试中，而且更多是隐蔽的考试。何时上司、同事暗中考你，无所知晓；考的哪些，不明就里；考不好，绝难补救。做学生的，心底总是排斥考试的。殊不知，真正的考试，在未来。学校里的考试，姑且称为"试水"吧。

这个时代的学生，有一些特点，很必要特别说出来，供成长期里自我检视、自我解剖。其一，自我意识极浓厚，要求别人把自己当成年人看待、尊重，却自己把自己当小孩儿宠，不肯严格要求自己和严肃对待自己。常常说的是，没人宠了，只好自己宠自己。此种"自宠"的心态，非常有害，是成长的至大障碍。其二，不大的事，可以乐翻天；不大的事，也可以莫名悲伤。我称此种情形为沸点太低、冰点太高，造成心理空间压缩，容不下事，不论悲喜。却不知，比起未来人生之悲喜，学生时代的悲喜不过假悲假喜。其三，肯直面竞争，却不愿合作，不愿因合作而妥协、退让、牺牲。未来人生，合作之重要，丝毫不亚于竞争。也许是善于合作更展示生存智慧。其四，图安逸、舒适，于学业之刻苦、做事之艰辛，不肯承受。不知道"艰难困苦，玉汝于成"之说实非过时。其五，随波逐流，不肯独立思考、自我反思。这不仅将行事的是非标准交给了别人，甚至也将自己的生活选择交给了外界。例如，不顾实际地修读"二学位"，在完全无关信仰的情况下企图"入党"。这诸多行事、心性，可概称为散漫、骄纵，离了严谨与节制。这散漫、骄纵，今日并不只是年轻人有之，成年人也是。区别大抵在于，成年人散漫、骄纵时多少还是知道自己是这个样子的，他们也知道之前倒未必就这样的，因了物欲和安逸慢慢变成这样了。年轻人散漫、骄纵时却几乎完全不知道自己这般行事、心性。也由此，成年人于自己的散漫、骄纵，有可能身心里多少存了自遣、自责，年轻人却以为就当如此，全然没有自省、自察的念头。我们固然可以说成年人知错而错，错莫大焉，也还是可以说年轻人错而不觉、对错不分，错莫深焉。

前人已将大学教育分为知识教育和行为教育两面。前者即专业素养的教

育,行为教育即为人生提供准备的教育。潘光旦先生约七十年前就青年之成长有极富见地之言。兹照录于下:

“青年人需要指导,需要启发,那是言教;需要榜样,以前贤哲的榜样,当代前辈以及教师的榜样,那是身教。但自教究属更加重要。从自教的立场看,青年最需要的是暗中摸索的机会,尝试而错误、错误而再尝试的机会。别人的指示导引,前辈的典型仪式,所给的一线曙光,一些门径,是要得的,不是不会完全没用的,但主要的终究是他自己的探索。先哲讲‘慎独’的功夫,不过,在讲这功夫以前,我们总得让他有一个‘独’的机会。假定青年教育必须利用一个口号的话,我们认为目前最迫切需要的口号就是:让每一个青年有一个‘独’的时期。以前做和尚的要‘立关’三年,今日青年所最感缺乏的,就是这立关的准备。今日的青年,从束发受书到学成毕业的十多年里,他有一个短期可以独营单纯的生活,独自对宇宙沉思,独自和古人交往,独自对生命的意义作一番探索的机会吗?没有,绝对的没有。他连做白日梦的闲空都没有。家庭、社会、学校以至政府,被慈父主义驱策着,唯恐他走上歪路,掉入陷阱,肇出事端,发生疯狂,正在不断地提携,不歇的警觉。今日的青年,没有休息,没有静止。从没有享受到独居的清福,更说不上表示什么独来独往的精神。中国前贤也讲到大学之道,说到知止而后有定,定而后能静,静而后能安,安而后能虑,虑而后能得。如今连止、定、静、安的机会都没有,试问青年如何能虑,更如何虑而有得”?

愿今日之青年,慎思之,且以为教也。

积累无形财富

说大学为泳池,不过比喻的、拟制的。其真实所在,乃是人类专用以保存与传承其文化的场所。在其中,一些人,通称为知识分子,从事符号生产,构造精神世界。这样的特质,使大学区别于人类生活中的另一些场所。尤其这几百年来,越来越制度化的大学,越来越集中了人类的精神创造。于是,一个年轻人,即使终身不以学术和教育为志业，他到大学“走一遭”，也还是有必要的。大学这“一遭”，可以添了他人生的见识。他由此知道，人类今天按专业分工的逻辑和格局，分化出来专事符号生产和精神构造的场合是怎么样的，那些从事各式各样的学术研究的知识分子又是怎样的一种人；他也由此更有可能理解大学存在的意义，理解知识分子的存在方式和精神价值。这样的见识，可以添他的一份精神气质，不论他一生的劳作方式是何其物化的。这就是，大学超越了职业训练所，注定以其独特性提供给学生一种无形的财富。每一个人，不独作为生物性的存在（故而需要衣食住行），也作为社会性的存在（故而得有制度运行以求社会的有序和正义），还作为精神性的存在。按德国哲学家卡西尔在《人论》中的论述，人的独特性惟在其由符号所体现出来的精神性。那么，大学通过其独特性而带给她的学生的精神气质，于每一个生命个体而言，就实在是不可缺少的了。

按教育家梅贻琦的说法，大学之“大”，乃在大师，那么读大学，也就是得到了一个接近甚至亲近大师的机会。越是“名牌”的大学，接近大师的机会就越多。据说，在哈佛大学，罗尔斯到了七十岁，还给本科生上课。这个老头，“名牌”得够可以了。他的正义论，一改自康德以来两百多年里西方思想界在政治哲学上的停滞状态；许多人靠研究他的正义论而获得博士学位和教授头衔，造成了“罗尔斯产业”。哈佛的本科生，就是有机会坐听罗尔斯论道，看这得克萨斯老头七十岁了面对本科生还满脸羞色。“罗尔斯给我讲过课”，这样的经历，这样的见识，又能带给一个年轻人怎样的心理影响、积淀而转成一生的财富？至少说来，再见到什么大牌的、头面的人物，好像也不算稀奇了，也不再轻易就紧张、兴奋到面红耳赤、手足无措了。这意味着，所谓大师，你由之所得，不必是学问上的、智识上的，而是心理上的、情感上的。你由此极大提升了你的心理适应性，这心理适应性内含了你的自信。这也是一种内心的力度、质感。大学改造、提升她的学生的内心力度和质地，自属天职所在。

且慢。如果有人要说,罗尔斯只有一个,哈佛只有一所,还在遥远的美利坚,这般好处,中国的年轻人不容易受得。不错。这个例子举得略有些极端,因为不够普适性。中国人终究也还是有自己的望重学林的饱学硕儒的,无须一一道来。一个中国的年轻人进了大学,也还是能够有类似的、相近的经历的。我前文回忆老师,其实就包含了这层意思在。假设,我申言登山可以扩展视野、带来自我成就感时,拿珠峰为例。固然绝大多数人是无缘这么登山的。可这不排斥,一个人可以根据自己的实际情况和相应机缘,登一座略低的、低很多的、低到只是几百米高的山,依然可以扩展视野、自我成就的。每个学生,各上各的大学,以各自的机缘,见着各自的"罗尔斯",以获得自己的见识、以提升自己的内心力度。我的意思,也可以换一个角度来理解。如果我们登山只为了站得比别人高,看到了别人在低处甚至以之在自己脚下,那其实是把自己给矮了。登山是为了自己能看得更远、检验自己的体力和毅力以获得成就感,也算为了当别人畅谈山顶所见和登山感悟时你可无碍、自如地相互交流、补益,不会因为人家登了山而生出自轻、自卑之心。估计我是说中了一些人的心思,读大学还可以满足一个人的虚荣心。固然有人不"上"大学了,而是"下"了大学,当代最典型的是比尔·盖茨,也还是有不少人把没有机会上大学当作生命的遗憾,甚至因此带点自卑的。

不妨再把大学比作一座寺庙。这倒不是出于我的大学在五老峰下与千年古刹南普陀紧邻,而是按欧洲文明的进程大学是从神学体系中分离出来的(此所以学袍是从神袍演变来的),更是我们今天的文明也把对现实生活的抽象与超越、疏离与空灵借大学以承托。给"小和尚们"讲经的,不光是自家庙里的"大和尚""老和尚",甚至"闭关"的"超级老和尚",常常也有"外来的和尚"登坛说经。没有"外来和尚"的大学不是好大学,不请"外来和尚"的大学更不是好大学。有时,"外来的",还可能是"道士"或"牧师",念不一样的经,甚至都有不念经的来,是"耍把式的"来了。这大学,就有点像万花筒了。这才好。"小和尚们”才能就着万花筒，长更多见识、添更多历练。记得有一回来自“大不列颠”的首相到了清华“耍把式”。电视上看到，约有二十个清华的本科生、研究生在两小时里和这前“日不落帝国”的首脑人物面对面，对话、交流、辩论，用的还是人家的语言。这样的经历，由之所获得的心理适应性和自信（至少说英语的自信吧），说胜读十年书不免夸张的话，其为一个年轻人在专业和智识之外的无形财富，该是确当的。

大学不仅和学什么有关联，也与“和谁一起学”相关联。构成大学的一部分而作为一个年轻人成长的环境，不光是图书馆的藏书、老师的学养，也不光是那些走马灯式的“外来和尚”，还有一起成长的同学。这是一个年轻人互相影响、互相学习和互相激励的场所。好学生，在老师和自己之外，还该善于从同学处学习、取益；好学生，教得了自己之外，还该多少能够教得了身边的同学。所以，“好”大学，不独好在大师或名师，还好在身边的一众同学。最好，身边的同学每个都比自己优秀，乐得自己受益不尽。就算自己很优秀了，身边的同学也总是各有其长，大家“梅兰竹菊”般互相参照和激励，何其乐也。“好”大学，也通常不会现在的学生才优秀，她往往是过去的学生即校友很优秀。这些校友学有所成，亦业有所成，见到个年轻、稚嫩的学弟学妹，关照一二，人之常情。一个年轻人不小心和这些“社会精英”“国家栋梁”成了校友，一生之中，可能自己都不知道就平添了些照料，叫做“遇到贵人”了。这也算一所大学惠及她的学子的。不也是一种无形的财富？就此说来，大学之于人生，比“学什么”重要的，是“和谁一起学”。这么说就不免有些低俗甚至势利之嫌了。不过这依然是在说明，不必也不宜过多纠结于所学专业好还是不好的。大学所给予一个年轻人的，一个年轻人能够从大学所获得而为人生凭借的，在专业之外，远超过专业。

营造精神家园

这一番说下来，算由表及里地从肉身而行止，从行止而内心。大学之于人的内心，尚不限于以上所言。人就其生物性的一面，需要有物理性的安顿；就其社会性的一面，需要有制度性的安顿；至其精神性的一面，则需要内心能得所安顿。大学之于生命的意义，说到这内心的安顿，才算说到深处了。

人天性上有归属感。在心理学家弗洛姆看来，人为获得归属感甚至有宁肯放弃个人的相应自由的。百年中国剧变既已将个人生生从其肉身所由来的血缘共同体中拽出来了，社会转型的契约化进程又在打破个人与其职业团体的人身依附关系的同时消解了个人对职业团体的归属感，而宗教式的内心安顿本也是与中国文化之特质难相兼容的，比较起来，大学倒更可能在今天为一个生命个体带来归属感，至少在特定情形下有所补足。大学所以连结同学之间、师生之间、学校与学生之间的，乃是学缘。这学缘，因紧密关联着一套符号系统而具有一定程度的抽象性、超越性、疏离性和空灵性，虽不等同于宗教般的抽象、超越、疏离和空灵，总还是符号的和精神的。由学缘所连结的学校与学生之间的关系，虽因“学费”而带有契约性却终究不至于也不能等同于契约关系，同学之间和师生之间的关系也总是最单纯、最少功利性的关系；血缘压缩（大家庭变为小家庭了）、淡去（流动性和自主意识所致）之后，具有精神属性的学缘则可能成为个人情感迁移之所在，同窗之情甚至可能胜过同胞之情。一个还处在青春期的、正经历心智长成过程的年轻人，将内心的归属感、认同感寄托于他的大学，实在是正常的了。而大学，比起她作为一个年轻人的职业生涯的起点、未来人生的“游泳池”、聚集心理财富的“万花筒”，最该起到的作用，是成为她的每一个学子的精神家园。至少，我祈盼如此。

这已是对大学本身提出最高的要求了，做得到的，毋宁就是理想的大学了。若要问何为理想的大学，实则也就是在问“大学何以言其大”。“大”不了，自不算是理想的大学，甚至都不合称为大学了，就叫做教坊、泳池好了。先贤、今哲，多少也仁仁、智智地给了“大学何以言其大”以回答。且说我之所见。大学之大，惟在大境界。其中所含，为大视野、大胸襟、大气魄，即高远的视野、开阔的胸襟、恢宏的气魄。所谓高深的学问、无尽的探索、上下五千年的文明传承与绵续，为大视野；敬畏生命、履践天道以悲天悯人的生命态度，为大胸襟；昂然卓立于天地之间、威武不屈富贵不淫，为大气魄。大学以此知、情、意，而达于大境界；复以此，于治世大学方可为引领、提升生活世界之举，于乱世大学乃能行保持、养育文化血脉之功。大学自我"修行"到这般地步，能不令少年书生为之倾倒、为之情迷，而以之为一生的精神家园？

这般大境界的一处学园，她注定了能令少年书生得知，当超越立身处世只为一己之利的狭隘和局限性，以适切地关怀他人的疾苦和人类的灾难。一个人，所行所止，虑出于己，实为常情，无可厚非。可是，眼界、情怀、气度，若只为一己所牵连，那是大大的狭隘和局限了。适度地超越立身处世只为一己之利的狭隘和局限性，适切地关怀他人的疾苦和人类的灾难，可带来生命的饱满与丰富。所谓适切地关怀，并不是要做到为他人或人类"奋斗一生"，也不是要求"毫不利己、专门利人"。说的不过是，一个人为自己、为家人殚精竭虑、不辞辛劳之时，并非于他人或人类全然无知、不顾。假设他行色匆匆于生计，路遇落水之人，他可以不纵身一跃而达于佛家所说"予乐拔苦"的慈悲境界，他可以只呼喊、报警，已是非常适切的关怀了；他也可以连呼喊、报警都顾不上或不方便(假设他不巧失声或没有移动电话在握)，他匆匆的脚步中还是伴随着感同身受的心境的，也是"适切地关怀"了。总之，他没有遇着他人落水而漠然，更没有幸灾乐祸。他也该知道，他是一个种群的一员，归属于人类共同体。虽然他自知人轻力微，成事既不足败事也无能，却也还是关注人类的福祉和灾难，尊重一切为此思虑、竭力之人，甚至心存感激和庆幸。

这般以大境界而使成长中的年轻人于立身处世有所超越一己之狭隘和局限性的大学，无疑是提升了年轻人的生命境界，浸润了他的心田，为他添了放达、豪迈、坚定、淡然。这也实在是对他的精神世界的再造，是为他的生命注入另一道生机、潜能。这样的生机和潜能，与少年青春中的激情和梦想相遇、相融，自当生出理想主义情怀和浪漫主义气质，越发感知内心的高远、生命的升腾。此所以为少年，所以为青春也。未来的生活，每个人自难脱凡俗世界的不完美，功成名就、飞黄腾达者有之，平凡庸常、安康顺当者为多，也不免有那生计艰辛、命运多舛者。此时，少年时的理想和浪漫，可能已经尽皆“东流入海”了。这也无妨，上天不肯多加眷顾，只把生命的理想和浪漫留在了那处以大境界而曾经提升了一己生命之境界的学园中了，那也是曾经有过的生命境遇和质地。静夜独思，让心神回到自己的少年时光、回到那称为“母校”之所，何尝不能让自己得回几分欣然、安宁？自来就有人把大学比作象牙塔，不管其本意如何，且以此象牙塔之纯净、精致和高贵，以映衬生命的青春和曼妙吧。即便生活把原先的少年磨砺得粗糙了、挤压得弯曲了、浆染得市侩了，那就把原先的理想和浪漫，存托于曾经引领、再造和提升了自己的“母校”吧。

我执拗地想，一个四年之后带着眷恋、欣然、踏实、自信走出校门的学生，何其幸运，一生有这样一处精神家园。一所大学，她能让她的学子这般作别而去，快乐而高贵地远行，何其荣耀。这荣耀，远甚于政客到访、富豪建房、校庆堂皇。

大学不关乎一个年轻人未来能否生存，即读大学不是一个人活于这人世的必要条件；大学主要地也不是关乎他未来如何生存，即一个人不必定按照大学里所学专业以择业。大学的真正意义在于，一个年轻人未来是否可能过一种有质地的、有尊严的生活。这生活的尊严，不来自于物质、声名、地位，而来自于其内心的充盈而强大、纯净而辽阔。所谓“大学之道，在明明德，在新民，在止于至善”，单就个人而言，关联最密切的，惟在朱熹以“新民”所释的“亲民”。大学浸润、滋养少年的心田，以成其内心的充盈、强大、纯净、辽阔，是为“新民”。因了其内心的充盈而强大、纯净而辽阔，纵然物质、声名、地位有所匮乏，生命的尊严却能丝毫不损、人格的高洁依然丝毫不堕。此“大学之道”也。

大学这四年怎样度过

"大学这四年怎样度过",省略了主语,"你作为学生"。"作为学生怎样度过大学四年",也就是怎样过一段学生生涯,其中自然包含了三个问题:在大学里为何学,学什么,如何学。

这三个问题,分立而不孤立,相互间密切关联。故此,以下五项建议,均涉及此三问。每个同学,且自行从中勾连学什么、为什么学和如何学这三个问题。这紧接着提出的第一项建议,就至明白地将学什么、为什么学和如何学三问一并呈现给同学们了。

理解专业

先从我的专业说起。法学家常常强调法律是一种实践理性,是"致用"的,而非"致思"的。这并不错。一般的人,愿意来学法律,或者做父母的肯将自家孩子送到大学的法学院而不是人文学院,总是存着法律是实用性的学科的想法的。这也不错。不过,这样的想法,略带点危险。

这危险就在于,只把法学院的学习当作是掌握一项技艺,从而以类似于学手艺的心态和方法在法学院接受专业教育。法学院的学生,在本科一、二年级的时候,每每认为学习法律就是花苦功夫背法律条文。这很肤浅,甚至是错误的。这样的学习,就算有所收获,也不过是掌握法律,而不是理解法律。后者,才真正是在法学院学习的专业目标。达到了这样的目标,将来从事法律实务,才可能从容地、恰当地运用法律,否则法律上的专业素养终究是有很大欠缺的。

一个只掌握法律而不能理解法律的人，他也能处理好一些案子，不过一旦遇到疑难案件，一定是束手无策。一个年轻人，经由法学院的学习，对法律有所理解，即使将来不从事法律实务，他也能够基于法律而拥有相应的见识，由此可以观察、剖析、评断所处的时代、所面对的世事。这正和大学教育所着意的大视野相关联。这也算说了到法学院学习的意义。一则用来谋生，令肉身可有所安置；二则使自己有所见解，可独立甚至比较深入地判断问题。

掌握法律还是理解法律，可形成法律工匠、法律家、法律哲人之别。一个人规范地、准确地掌握了法律，可以运用法律为自己谋生、断他人是非，算是达到了匠人的水准。但是他可能只是简单地、机械地、刻板地运用法律。只有理解法律，理解法律的内在精神、理解法律内在的缺陷和不完备、理解法律与人性人情之通连，他才可能在某些个案中创造性地运用法律，也才可能使法律的运行达到那种带艺术般的美感的程度。这样的人，带着创造性或美感以运行法律，超过了匠人的境界，进入了艺人的层面，我称之为法律家。再进一步，以对法律的理解，而洞达人性与世事，由此演绎和彰显一己之智慧，我称之为法律哲人。

那么，如何达到理解法律这一目标呢？若就专业课程而言，最重要的课程是哪些？我建议把民法学当作第一重要的课程。一个认真对待专业学习的法学院本科生，花再多的时间和智慧在民法学的学习上，都是不过分的，甚至可以说是很明智的。理由是：第一，民法学至今已非常的完备、严谨。浸淫于这一知识体系越深，越能够从中提升思考能力。第二，民法学由此充满逻辑的美。知识体系的逻辑美是迥别于艺术的美、自然的美的另一种美。这会让一个法学院的本科生对专业学习很动心，超越了职业能力和谋生所需的动心。第三，在整个法学体系中，民法学处于基础性的地位，它的知识和原理是具有生长性和扩展性的。这意味着两点。其一，其他学科如果学得不够好，多少是可以迁移民法学的原理以弥补的；民法没学好，则几乎不可能从其他学科的原理中弥补。其二，在法律运作的层面，解决现行法律体系的疏漏和滞后性，民法学的原理所能发挥的作用更大些。当然还可以再列出别的理由，这些却已是足够了。

另一门在重要性上高于其他课程的，是民事诉讼法学。法律是不能只表现为法典的，那是静态的、纸上的。法律必须是动态的、运行的，这才能够实际地规范和调整生活世界中的具体行为。法律一旦“动”，就必定体现为司法。甚至该说，人类的法律最初就是体现为我们今天称为“司法”的活动，而不是“立法”。司法是人类法律的原初的和基本的形态。人类司法运作的原理，最集中体现在民事诉讼中。这就是强调民事诉讼法学在法学本科课程体系中独特的重要性的依据。如果先修习民事诉讼法且学得扎实，再修习刑事诉讼法、行政诉讼法、仲裁法(或商事仲裁程序)这些课程，事半功倍；相反，事倍功半。

第三门重要的课程，自然是法理学了。这门课程所以重要，不像通常认为的在于它提供法学本科学习的入门、是其他课程学习的指导。我主张其重要性在于它的抽象性。法理学以其抽象性，在更深的层面提升法学院学生的思考能力，由此而得以越过直观、具象和微观的层面以探究、把握事物的内在、抽象和宏观层面。所谓见微知著、洞察秋毫、入木三分等，免于一叶障目、浅尝辄止、流于浅显。缺了抽象的能力，只能在法律工匠的层面了。法理学以其抽象性，力图融汇不同的部门法学，更概括地归纳出法律体系的一般原理，在面对实在法的疏漏和滞后时，提供解决问题的路径和方法。可以说，对于法学院的学生而言，所有的专业课程中，法理学这门课程最接近于古人关于读书的用处的理解，“无用之用”：它是有用的，其用，正在于表面看来的“无用”；惟其无用，才可能最是有用。自然，法理学的学习也是最难的。这常常导致同学们因畏难而厌之、弃之甚至鄙之。这就因噎废食了。最好能够以“无用”之心，读此“无用”之书；而后，或许受无穷之用。

所谓理解法律，也可以说能够把握法律的三个层面：第一，法律是一套规则体系，是用于规范人的行为的特定制度；第二，法律是关于这一套规则体系的人类活动，通称为立法、司法，也包括行政；第三，法律是包含在这一规则体系和人类活动中的生命态度、立场,因此法律足以作为人类生活本身。这个说法,大可以推而广之,用来理解其他的各种“专业”。

所谓建筑,无疑包含三个层面:第一,形形色色的“建筑物”,楼、台、亭、阁等,这是在最直观的物化层面理解建筑;第二,关于楼、台、亭、阁的相应人类活动,所谓“营造”;第三,物化的建筑及其营造活动所蕴含的生命理解,使得建筑超越其物化与活动而同样为人类生活本身。

而所谓科学,也无疑包含三个层面:第一,一套关于客观世界的知识体系,分别称了化学、数学、物理学、生物学、天文学、地质学等;第二,关于这一套知识体系的人类活动,包括知识的发现、保存、传播乃至运用等;第三,科学知识与科学研究所蕴含的生命态度,例如,为科学而献身的精神、奉真理为绝对的理念。如此,科学便是人类生活本身。

至若艺术,同样由三个层面所构成:第一,多姿多彩的艺术品,诗歌、小说、音乐、美术、舞蹈诸大门类,而其下又是争奇斗艳的,蔚为大观;第二,作为人类活动的艺术创作、欣赏、保存、传播等;第三,一切艺术品和艺术活动都包含着创作者和欣赏者的生命态度,其对现实的把握、对未来的理解,因而艺术同样是人类生活本身。

如此说来,法律、建筑、科学、艺术等在大学里分化为不同“专业”的,其异在形,其一在神。这神,就是所有的学科、专业所共同包含的人文内涵。

我们正是因为知道应该理解“专业”,也力图理解“专业”,才有可能超越专业局限,免受简单化、碎片化的摆布。

我在这么说的时候,也就是主张,从专业学习的角度来说,读书是要用心的。读书是生命精神的、心灵的状态,而不是肢体动作、视觉活动。这是下一个话题。

用心阅读

读书是学生的本分,这实在不用多说甚至不用再说的,即如人得吃饭、睡觉才能活着般浅显、明白。现实情形看来却又是有说的必要。

文明的演化和分工密切相关。外向说，是人类以分工应对挑战。此即如汤因比所言，文明是在对挑战的回应中生成的。内向说，分工是人类无尽地追求行动领域的有效性所驱使。这造成现代文明所呈现出来的高度的、细密的专业化分工的格局。大学为因应这一高度的、细密的专业化分工，遂采取专业化教育的模式。如此一来，大学学习，就首先地、直接地体现为专业化的学习；作为学生本分的读书，就首先成了读“专业书”或者说“教科书”。这种形态、目标、方式的学习和读书，是必要的和正常的。但是，于大学教育、个人成长、文化传承，却又是不够的。这分两方面来说。

一方面，专业化分工之后的任何一个领域、专业，哪怕是纯工程的、机械的，也都是人类生活中的一部分，都是在不同程度上、以不同的方式，关联着人自身的。割裂了对人、对人类的理解的专业素养注定是明显有缺陷的专业素养。学建筑的学生，该明白建筑不是水泥、砖瓦，是生命的物化形态；想做医生的学生，该明白他不是面对肉体，而是有生命、有尊严的人；学会计的学生，须知他不是用数字来做账，他是在构成人类生存模式的特定商业形态中运用表格、数字；法学院的学生该明白，法律规范人的行为，而人的行为，既含有以肉身呈现的举止、动作，又内隐人的精神、灵魂，是灵肉合一的。前辈学者史尚宽先生即就此主张法律上的行为由体素与心素组成。故而，与专业素养相粘连的，是扩展性的阅读，以获得对人、对人类的自我理解。据此，从人的角度理解和看待作为分工与分化的结果的专业，也从专业的角度来理解和看待人。这才是深入、透彻地把握和理解专业，是真正的专业素养。

另一方面，现代社会中的个人，不独具有专业属性的一面，也有剥离了专业属性而相互间无差别的一面。把生命个体简约为专业性的存在，无论对个人还是对社会，轻而言之是遗憾的，重而言之是悲哀的。不按专业分工来界定的个人，他该接受一般性的教育，即所谓通识教育，或称作博雅教育。如果说专业化教育是“做事”的教育，博雅教育则是“做人”的教育，尤其是做一个雅致而不粗鄙的、温和而非暴躁的、谨慎而不鲁莽的、节制而不蛮横的人的教育。当然，这样一个在气质和德性上具有美感的人，非常需要在实际生活的历练中养成，而阅读，也是不可少的。这要求，任何一个学生，自然包括法学院的学生在内，要有明显的专业外的阅读。在我看来，首先，是历史和哲学，在历史方面则是中国史和世界史并重（我特别赞成钱穆先生所言，国人对国史当怀有温情与敬意）；其次，是其他的人文社会科学的基础性阅读，每个学科都能有所涉猎；再次，是艺术方面的基本阅读，艺术史的或艺术理论的基础性阅读。不是为了艺术上的修为，而是为了能够了解并理解艺术。最后，是自然科学方面的阅读。这样的“去专业性”的阅读，不仅为了益智，也是为了修心。

从这两个角度出发的“去专业性”阅读，才是把大学和职业训练所区别开的。单纯的职业训练，或许只关乎手脚灵便、做事妥当。大学却不以此为直接目的，也不以此为终极目的。她是通过益智和修心的读书以包含这些目标，而又致力于超越这样的目标。江平教授在中国政法大学校长任内，在一次大学生辩论赛上曾说道，我们没有理由要求每一个大学生成为哲学家，但是我们有理由要求每一个大学生具备哲人气质。在当时的场景他没有解释何为哲人气质和大学如何培养学生的这种气质。在我看来，哲人气质是和对职业目标的超越性相关联的，而“去专业性”的阅读则是造就哲人气质所必须的途径。进一步说，我把所谓哲人气质理解为，一个人并不直接去追问和探索人类生活中的那些终极问题，但是他深知于人类而言这样的终极追问是必要的，他尊重并尽量理解那些关注终极问题而显得与这个现实世界格格不入的宗教家、哲学家、艺术家或其他类似的人，而不是对任何终极追问之举、之人不解、排斥甚至表示出肤浅的鄙夷。

养成人格

提出为修心而读书的主张，也就涉及了大学教育中人格养成这一目标。

所谓通识教育或博雅教育，大抵还是从文化素养方面来说大学教育的目标。就德性这一面说，则属于人格养成。大学教育不仅要促成一个学生的身体康健、知识广博、见解独到，更要养成健全的人格。所谓健全的人格，第一，是人格的独立，由此人格独立而抗拒外力的奴役，不论是来自商业逻辑的经济力，还是来自现实统治的政治力。复因抗拒外力的奴役，而获得人格自由；第二，是自我约束和自我责任。人格独立断不能理解为我行我素，而是以充分承认和尊重他人的人格独立为前提的。这就需要自我约束和自我责任。法学院的学生，比起其他专业的同学，最该明白这个道理。因为现代法治的基本原则之一正是责任自负。这也可以表明，审慎的、负责任的专业教育，实在不止是“做事”的教育，已经深含“做人”的教育于其中了。就看讲台上为人师者点透了没有、讲台下做学生的肯用心思索不。西人有“节制表现伟大”的训言，说的正是这自我约束和自我责任。健全人格之第三，乃是由独立思考而来的理性批判，其中既包括对现实社会的冷静与审慎的判断而非不假思索地人云亦云、盲目附和及至随波逐流、同流合污，也包括将独立思考的批判指向自身，自我检视和省察。如此，方可能不贪功、不诿过，不骄矜、不自菲。由以上可再引出第四点，人生之中的从容、洞达、淡然、沉静，有所持守、有所坚忍，不必定得是“先天下之忧而忧、后天下之乐而乐”的“古仁人之心”，至少做得到心中有是非、眼中明善恶、行止求有据。这算是在一种人生态度上理解的健全人格。

局限于专业教育，显然不足以达到人格养成这一大学教育的目标。超出专业领域之外的用心阅读，于此殊为必要。古人讲“天下兴亡，匹夫有责”，讲“大丈夫有所为有所不为”，孔夫子那番“知其不可为而为之”的气概，正是健全人格中的自我约束；古人所谓“行不改姓、坐不改名”，讲“大丈夫敢作敢当”，正是健全人格中的自我责任。独立而健全的人格，亦即个人得以超越立身处世只为一己之利的狭隘和局限性。爱因斯坦即曾指出，存在着“在个人经验的狭小范围内所不能找到的宁静和安定”，为此需要“画家、诗人、思辨哲学家和自然科学家”以抽象和超越构造出“简化的和易领悟的世界图像”，作为“情感生活的支点”。故而，从阅读中可以获得心灵的滋养和浸润。

古人也早有所言，“纸上得来终觉浅”。只靠阅读，确实不足以达到健全的人格状态。读书之外，自然还得历练。不过，这里说的历练，还不是工作中的历练，而是学习中的历练、作为学生的历练。这样的历练，是每一个学生都一定有机会的，不要求特定的机缘、不要求额外的机会。当然，某个同学有意、留心为自己多寻觅些历练的途径和方式，自无不可。一次考试，意外地失败或如期地成功，心态上怎么控制？一次比赛，赢了或输了，又如何对待？飘飘然或戚戚焉？在这山海之间、天风海韵的最美大学里，热烈地恋爱了以安顿自己的青春，或居然失恋了，那又如何对待？这些历练，不一而足。在这些历练中，通常是没有老师参与的。这意味着，你必须自己“摆平”。这也恰是历练的意义。这一点和接下来讲的“作之己师”相关。

结束中学、辞别父母而来到大学校园的年轻人，处在心智成长的一个重要阶段。所谓成长，人格养成是最重要的、根本的。痛苦，则是成长所需要的营养剂。今日所谓的“富二代”“官二代”，正是少了这样的营养剂，因此是不必因其物质上的挥霍心生艳羡的。尽管就人的天性言，总是不愿承受而闪避痛苦的，可痛苦常常就是这么避无可避地加一己之身。考不好、输比赛、失恋了，不过是成长过程难以避免的小痛苦。这实在需要一种冷静的、理性的、良好的心态，对待注定要遭遇的各式各样的痛苦，以之为成长所必须的营养剂，尽量从容、坦然面对和承受，以当前的痛苦，做未来人生的铺垫。若能以这样的心态对待自己，也算做到了“严肃地成长”。不肯严肃地对待自己，何来成长？何言健全人格？我自然同时希望，每一个来到美丽的芙蓉园的少年书生，在这天蓝云白、繁花四季的校园里，也快乐地生活。

就以此十个字，做人格养成的另一种解读吧，送给世上所有的少年：严肃地成长，快乐地生活。

作之己师

一个人，一生中最重要的老师，是他自己。这个道理，可以说是很简单明白的，也可以说是很深奥玄妙的。说简单明白，是因为一个人终究有毕业或者“出师”的时候，不可能总有老师在身边，这时遇着未解之问题、困顿之事项，只得自行纾解、打理。说深奥玄妙，是因为怎样做自己的老师、既然自己是最重要的老师又为什么要来做别人的学生这两个问题，颇不容易说清楚。

若是一个人，很善于从老师处学有所得、学有所用、用有所成，我们通常是认他为好学生的。这其实很不够。进一步，能够在融会贯通之上举一反三、触类旁通，才算好学生。再进一步，在老师没有教导、传授、提示之处，能够通过自己的细致倾听与敏锐观察，自己带给自己能力上的提升、视野上的开阔、心胸上的放达，这才真正算得好学生。而这样的好学生，恰是不止从老师处学有所得，更是做到了教会自己。唯有到了这一地步，才能出了校门波澜不惊，一生从容应对。“通过自己的细致倾听与敏锐观察”，正是怎样做自己的老师的回答。漫画家朱德庸算是这个命题最好的例子。他最初以《双响炮》闻名，将人在婚姻中的形态和做派揭示、刻画得淋漓尽致。可那时他才二十五岁，更不曾自己体验过婚姻。他说，他观察，以他独特敏感观察身边人的婚姻，由此知道了他未经历的婚姻到底是怎么一回事。而画漫画，也不是他之前在世界新闻专科学校所学到的。

这里包含着对两种学习的区分。一种学习是被动的学习，按老师的要求、接受老师的检验（考试）。这个时候，标准在老师，也就是说标准是外在于己的。只求考得过的心思正与此相对应。全球范围的高等教育，今天都存在着去标准化的情形，由此导致大学教育的“弱智化”。这和对待知识与教育的功利主义和工具主义相关联。这一情形，更使按外在标准学习充满危险，那是带给每一个学生未来人生的危险。另一种学习是主动的学习，无关老师的要求，更没有老师的检验，是自己对自己的要求，标准也在自己。这种自我要求和自我检验的学习，也正是自我责任和自我约束的具体表现。当然，比起被动的学习来，这种主动的学习难度明显是大很多的，不论智力上的难度，还是心性上的难度。

许多同学，只希望可以轻松地学习，轻松地拿学分，轻松地毕业。如果过于贪图学业的轻松，是不可能真正学有所成的，更不可能举一反三、触类旁通了，遑论自己教会自己。这方面，古人早有许多经验，也早将这些经验转换成训言。道理是不难明白的，难的是肯按道理行事的。

既然最重要的老师不过自己，那么为什么还要来做学生，花了大笔学费、少挣四年钱不说，还耗费自己的青春在笔记和试卷上？这个问题，也还算有比较现成答案的，那就是需要用学费和青春换来一纸文凭作为文化符号以显示文化资本，这样的文化资本是未来生存竞争的相对优势所在，至少是所需要的垫脚石、敲门砖。也不算错。不过，这答案终究是很显无奈、消极甚至肤浅的。

我的回答是，一个人，其所以还需要身为学生，向老师们学习，根本上，是从老师那儿学习怎样做自己的老师。由此，负责任的老师，才是“使之渔”而非“予之鱼”。但是，过去未必把这道理说透彻了。

所谓严肃地成长，自也包括努力学习在将来能够做自己的老师。

恭敬母语

在陕西历史博物馆，我让一个小学三年级的学生辨读一块汉碑上的几个字，他读得出来。我说他：“你很伟大，能够读回两千年。”他还体会不到，一个十岁的少年能够“读回两千年”，这是何等壮观的文化景象，而只有在东方华夏才出现得了这等壮观的文化景象。在河南省博物院，我看甲骨文，看甲文之前的陶文，才明白过来，作为华夏一员，“我活了五千年”。在我们读、写每一个汉字的时候，我们便流淌着五千年甚至更长久的文化血脉。这令我们在肉身之外，绵延开我们的心神。

人类的语言文字，分了表音文字和表意文字两样，又分了自源文字和外源文字两种。汉语和中文，是人类今天仅存的自源文字和表意文字，与华夏文化一道，既为华夏文化之载体，复为华夏文化本身，数千年传承而不绝。她从人类文明的萌芽时代走来，由奠基时代而定型时代而至今。她包含了文明早期即累积起来的人类之于天地宇宙的理解。人类所有的语言文字中，也许只有汉语和中文能够为人类保留文化基因。

然而，百多年来，汉字历经劫难、九死一生，当下或许是方生方死之境况。“新文化运动”的激越中，从思想家到政治家，竞相以为汉字不入“世界潮流”，汉字之存乃华夏之亡之论断简直甚嚣尘上。还好汉字没有转为拼音文字，只是简化了事。可这一简，汉字最有意味的理据已大大丢失，中华文化为之神伤。进入数据时代，针对线性的字母文字所设计的键盘上，能否成功地书写全然不同于线性字母文字的中文，是汉字和中华文化面临的生死考验。幸甚至哉！中华文化的生命力果然使古老的汉字灵动于西式的书写方式上。中文在载体与书写方式上无如经历了一次蜕变，得以活向未来。可是，她的韵味，她的意趣，依然不减乎？

中国文化向来有崇文传统，绝不只将文字作为工具。如今，网络语言、广告语言等大众语言，甚至媒体语言，正变得粗糙、恶俗，也常见错乱、滥用，及至到了触目惊心的程度。文辞雅致难得一见。中国古来对于文字和书写的恭敬之心、敬畏之情，至此几乎荡然无存。就此而言，声言守护汉语与中文的纯正性和纯粹性，非为无由。

再说得具体点。今天国人所写、所说的中文和汉语，已经很受西方语言尤其是英语的影响甚至侵蚀了。其影响、侵蚀程度之大，到了造成伪中文而不自知的程度，即以中文的字符（字形）或音符，按照西文的句法结构和标点体系写作或说话。这样的写作或说话，成了地道的“翻译体”。所以叫伪中文。举几个例子吧。身边的是，我的课上不时有担任课堂主席的同学说“我们现在进行一个十分钟的休息”，而不简单地说“我们现在休息十分钟”；远一点的是，央视的新闻播报中说的是“警察对歹徒盘踞的小屋进行了包围”，而不简单说“警察包围了歹徒盘踞的小屋”。更有甚者，作家莫言 2011 年获得“茅盾文学奖”时，非常谦虚地表示：“与这个时代相匹配的好小说还没有被发明出来。”他本该说“好小说还没有产生”的。到他头顶“诺贝尔文学奖”桂冠时，不知道会起到何种导向作用。实在是令人痛心疾首之境况。

什么是纯正的中文呢？我以中文的使用者而非中文的研究者的身份，试作答。这个身份意味着，我的回答不是学术式的，而是我的经验性的感受，因此该是能够接近于其他的中文使用者的常识。同学们就属于“其他的中文使用者”。当然，我这样的经验性感受，是需要用心的。这一用心，和我作为中国人的文化认同与文化自觉密切关联，失了这番心境，是不可能这样来感受我们自己的语言的。我所理解的纯正的中文，她是简洁的和富有韵律感的。这和中文固有的语词词性、句法结构有关。乱了中文的词性，弃了中文的句法结构，照西文的词性遣词、循西文的句法结构造句，自然就失了中文固有的简洁了。一旦失了简洁，韵律感也无从说起。失了韵律感会怎样呢？古人曾指出，“言之不文，行之不远”。在我看来，只这么说是不够的，还得加上“文之不言，滞在当下”，即书写如果丧失了韵律感，会造成阅读障碍从而妨碍写与读、说与听之间的融通。按朱光潜先生在《诗论》中所言，英文是不强调更不依赖韵的，这和其音丰富有关；但中文，音不够丰富，偏于借重韵以体现语言的节奏感。今日的伪中文，正是大失简洁和韵律感。

我希望，同学们乐意充分地注意我此处提出的问题，进而在专业学习和外语训练之外，适当地在阅读中回归中国文化。在这样的阅读中，既重续失落了的母语“语感”，又接续上我们的文化传统以滋养、浸润我们的心灵。须知，历经一个世纪的文化革命，更兼这个时代的物欲涌动，我们已经难以经由我们自己的文化传统以充盈我们的内心、安顿我们的生命了。

我期待所有的同学，以对母语的恭敬，具备作为中国人的文化自觉；以作为中国人的文化自觉，守护中国文化的内在价值；以中国文化的内在价值，贡献于人类的文明转向。

大学：形上与形下

2011年4月，受研究生会邀请，做客“名师下午茶”。几番斟酌后，选定这一主题。当日现场，不仅从茶说起，也是以茶相伴始终。开办数期的“名师下午茶”总算真正的下午茶了。到了暑期，寻思既然4～5月间有“致毕业生”的系列讲座，也该在新学期里有“致新同学”的系列讲座。最后决计将“大学与人生”“那悲悯与传奇的厦门大学”“大学：形上与形下”合成“致新同学”系列。2011年12月15日海渡之前，写成此文。

——题记

由茶说开

茶为国饮，尽皆知之。那年仲秋时节，在辟为步行街的中山路靠近轮渡一带闲坐于华灯初上时，举目四望，多见茶店。其中一店，门面悬有对联。由此触动，自拟了一联：

天生草木育百姓，一点活水化龙津。

茶既为国饮，自算是“天生草木”以养育万民。将草、木、人相合，恰成一“茶”。则上联既含茶所蕴天人合一之意，也嵌了“茶”字。茶入于水，如点石成金般，此为“一点活水”而“化作龙津”。华族为饮，堪为“龙津”。上下联各嵌天、一，意为“天一生水”。茶恰是以水而展现其生命形态。其因水可生，去水则枯，入水得活；且在水中演绎其生命的转承、舒展和韵动，无尽美意、曼妙。上联以“生育”二字，含有“天地之大德曰生”，是纯中国式的生命理解；下联以“点化”二字，接续“禅茶一味”的意趣，是多元文化融合下的生命理解。

这般说来，已将茶之为饮，分了形上与形下两端。解渴、保健、待客，于现实生活之中有其用，“实用”，都属于茶的形下的功能。其形上的意义，包含了审美的、伦理的和宗教的三面。略说一二。我在《阅读·理解·表达》一课上，以茶相随，一个学期里，领着十来个少年书生将各地、各种之茶一一喝来。我盼一杯在握，唇吻南中国的山山水水。那是以味觉游历。我盼一叶之微，可眼见生命的转承、舒展和韵动。那是以视觉体悟。一日课上，为同学们沏饮的，是钱塘江源头处的开化龙顶和曹娥江流域的新昌大佛龙井。味别形异。我记述当时情形，“以钱塘为诸生润唇，令曹娥留少年齿香”。当年茶神吴理真耗时经年而将一种野生树木驯化为今日之茶树的蒙顶山上，唐宋时有“皇茶园”。内有茶树七株，每年新茶长出，最初采摘的三百六十颗茶芽，祭天的。蒙鼎盛时，寺庙三十六座，负责茶园管理、茶叶采制、品质检定。到了这个层面，一杯、一叶，即通连了抽象的、超越的、空灵的境界。“茶道”之说，即此。由“倒茶”演绎出“茶道”，将“茶道”融贯于“倒茶”，不光是以一叶而两分、相异，更是由一叶而并形下与形上，又将两分、相异粘连了、融汇了。这也正是华夏与欧美所异之一，而且是大异，关乎生命理解和生命形态之异。

国人饮茶，或于解渴、保健、待客中含了审美的、伦理的和宗教的意趣，或一时间只牛饮以解渴而暂不及于审美，或又一时只因茶之美态、雅味而沏却不为保健、待客等，俱属正常。若以为茶须恭敬却无关实用，或以为茶为实用而无须恭敬，都是极端的、不得内中三味的。

知识两“用”

今日以观，大学是系统性教授知识之所。知识之用，可与茶相类似地分为两端。其一，为知识的操作的、工具的用途，这是知识的实用的一面，关联的是人的功利性需要。此为知识的形下功能；其二，知识另有非实用的、无关操作、不具有工具属性的一面，此为知识的“无用”。准确地说，是知识有其“无用之用”，为知识的形上功能。这也是区分了知识的外在价值和内在价值。

知识的外在价值是非常直观的，无须多言；知识的内在价值却须得专门解说一二。知识的内在价值的一面，是由以去除人—人类心智上的黑暗。人每每遇有肉眼的黑暗，由此肉眼的黑暗而不免心生恐惧。数年前过三峡，午夜我独自上了江轮甲板的高处，置身于完全的暗夜中，不仅江岸不得见，脚下的江水也不得见，视线所及一片漆黑。纵然我非常清楚我身在一艘现代的江轮上，尽可踏实、无忧，我还是不能让江风带走我由肉眼的黑暗所带来的心中那一丝不安甚至恐惧的感觉。我刻意体验着这样的感觉，直到看见江岸上出现了一盏昏黄的灯光，我顿时变得安然、温暖。相较于肉眼的黑暗，另一样的黑暗可是更带给人—人类不安与恐惧，心智的黑暗。小者对一个人、一件事陌生，那是黑暗；大者对自然世界、苍茫宇宙、人之本性、生命意义，也每每心智不及，更是黑暗。文明初始以来，作为观念构造的神话、作为智识努力的科学，正是人类由以摆脱心智黑暗的。人类学家所揭示的“知识—权力共生”的文明逻辑，内里也是关联着摆脱心智黑暗的。许多人主张乃至特别强调，科学家的研究应该纯粹出于好奇心。为满足好奇心而求“新知”，也还是与摆脱陌生相关联。人类由此不断地“发现新事实”。

人类行动，不仅求其有效，如何时播种可收成最多；也求其正当，如何时行刑方“不违天意”。凭借知识以求行动之有效性，涉及知识的外在价值；基于知识以辨行动的正当性，体现知识的内在价值。知识的内在价值的又一面，正是追问当下生活的意义与正当性，遥想可能的终极世界。一旦失去了这样的追问与遥想，人就不过是马尔库塞所说“单向度的人”，不过实现代文明体系中的新奴隶而已。不独先验性的宗教体系追问当下生活的正当性与遥想终极世界，作为人的自我理解的人文社会科学和符号化自然世界的自然科学也都和行动领域的正当性密切相关。尽管早有休谟主张事实与价值两分，后延续为韦伯的“社会科学的价值中立”，当代却有哈贝马斯和普特南认为事实与价值实则难以楚河汉界、泾渭分明。当年，日心说和进化论之于“当下生活的意义与正当性”所具有的颠覆作用，恰是知识具有内在价值的典型体现。

当知识勾连着追问当下生活和遥想终极世界的时候，知识就不仅限于认知生活世界和自然世界，更是作为人类所必须的思想体系的基础和凭借，由此产生出“知识—思想体系”，即“基于知识的思想”。一般所理解的马克思主义，或者说作为社会批判理论的马克思主义，正是依凭一套知识体系而追问当下生活和遥想终极世界，从而作为一种特定的思想体系。就知识的工具价值一面，是无以导向思想体系的。如果人类不能够基于知识而生出思想体系，那么他就注定只能先验地构造思想体系，即神话—宗教，为“无关知识的思想”。于人类生活而言，这是非常不够的，甚至是带有危险的。

由知识所引发的追问当下生活和遥想终极生活，不仅导致对当下生活的质疑和批判，甚至可能根本性地颠覆当下生活。大学也相应地成为社会批判功能的主要承担者。视为大学之灵魂的大学自治和学术自由，即是由此而来，以使大学能够充分扮演现实批判的角色，也借以保障大学和学者践行这样的社会职责。

两分知识

由知识的两“用”，又区分了两类知识：其一，普遍知识、一般性知识；其二，专业知识、工具性知识。

这一两个世纪来，随着从神性生存转向智性生存，西方世界进入了“知识社会”，博格斯所断言的“文化的普遍可接近性”是其特点。在当代，随着全球化程度加深，“知识社会”也走向了全球。与此相应，人类知识领域出现了普遍知识与专业知识分离、一般性知识与工具性知识分离，也造成了“知识生产者”和“知识使用者”分离。这说的是，在传统社会里，少数文化精英掌握知识和运用知识，“知识生产者”和“知识使用者”合一，普罗大众的劳作和生存靠的是技能和经验，他们是不依赖知识的；在现代社会里，知识普及于大众，其劳作与生存也密切关联着知识，不过他们却只是知识的使用者。“知识生产者”与“知识使用者”的分工，并进而造成了“知识”与“见识”的分离，即知识只关乎手脚之用，不及于心神之思，不能由“拥有知识”带来更多的洞察、细致的辨析而达致见识的提升。所谓“有知识没文化”大约说的即此。这即如张中行曾指出的，史家于史实之外须得另具有“史识”。说的就是不仅“知道”历史是怎样的“故事”，更能够对历史有所评析、从“故事”中获得关于人的自我理解，复以观照当下与未来，即先秦之时所言“疏通知远”。

由此知识的两分，可进而造成对知识的两种态度。其一，知识本身即为目的。“活到老，学到老”自是和这样的知识态度相关联，更不用说“朝闻道，夕死可矣”了。其二，只将知识作为手段和工具。在知识社会学看来，资本主义需要越来越多的知识，以前所未有的程度依赖技术革新是当前生产模式的基本特征。这表现在知识的形态、特性上，则是知识不再具有整体性和一致性，而是变得分散、破碎和模糊；知识是具体情景下的，是以问题为中心的。易言之，普遍知识、一般性知识为具体知识和工具性知识所取代。从知识生产模式来说，表现为“大学变得更像公司，而公司变得更像大学”，例如，公司提供给员工各种形式的培训、大公司甚至也设立很专业的专门实验室和“博士后流动站”等。

知识的这一形态和特性，以及应对此种知识特性而进行的大学教育，造就了“有知识而无见识”的大学生。所谓见识高远，殊为不易。大学若自限于“有知识”这一教育目标，也就无异于南普陀里所见为劝诱信众进香所随意张贴的“进献一炷香，身体健康事业旺”，将本该具有的超越性目标简约和降落为世俗功利了。不是说“身体健康事业旺”这样的目标不对，而是说这样的俗世目标本是无关庙宇的。在以具体知识和工具性知识代替普遍知识和一般性知识之后，“有知识”的人们，相互之间是极容易存在隔阂的，即由专业分工和知识分化所形成的隔阂。这样的隔阂，不仅是人类文明的遗憾，甚至可能带来悲剧。这样的悲剧，冷静说来，正在发生。

对一个教师来说，他不仅应该教书，还应该思考教书。一个不对教书本身有所思考的教师，纵然他的专业素养很好，也很难实际上真正做到称职。我们可以大致地把“关于教书的知识”视为普遍知识，而把他所教授给学生的知识对应性地作为实用—具体知识。这个意思是说，所教授给学生的知识，就其本身来说也许是普遍知识，如历史学的、哲学的，但是，一个历史学教授或哲学教授是以讲授历史学或哲学为职业的，他以此供职和谋生，否则他就无以作为历史学教授或哲学教授而受聘。在这个意义上，这些专业知识变成了他的实用知识。他并不是靠“关于教书的知识”供职的，这“关于教书的知识”就属于普遍知识，在这个方面，历史学教授、法学教授、医学教授和天文学教授应该有也一定有共通乃至共同的知识体系。这些，是“教书的原理”，不作为“教书的具体内容”。

如果按照将人类的知识区分为关乎人类行动的有效性的知识和追问人类行动的正当性的知识，大致说来，教师的“普遍知识”是和教师的教学活动是否正当相关联的，其专业性知识是和教学活动的有效性相关联的。

细说起来，不免就发现了点问题，至少是不足和遗憾。今日里大学为各个专门领域培养专业人员，它自己这个领域则是自己培养的。一个人，在大学里读了十年书，拿了博士学位，有机会谋大学里的一个教书的职位。他在“教书的具体内容”方面可能很有资质和资格了，但是他显然是缺乏关于教书的一般性知识的，他也多半不在意这课堂上不需要讲给学生的“教书的原理”。然而，为人师者，这“教书的原理”的重要性，实不亚于乃至有甚于专业知识、具体知识。哪怕做到了教授，也只是光顾着著书立说，那是说给同行的，关乎一己之“江湖地位”；就算给学生上课，自己也是熟门熟路地开讲了专业知识，当作履职。就着教师这一“志业”，越过具体知识和专业知识的限定，和学生们多说几句，那就不肯了，或者变得难了。于是，教授们组成的这个职业共同体，看来却是缺乏相应的普遍知识作为其“志业”的基础，并作为专业化的教授们超越专业藩篱而互相融通的介质了。这个职业共同体，岂不存着“内伤”？

形上？形下？

大学也可分了形上与形下，且必得分了形上与形下。

“形而上者谓之道，形而下者谓之器”。这道、器之异，在这个话题中，大约可理解为目的和手段之别。相比于目的而言，手段总是具体的、多样的，所谓“条条道路通罗马”。道、器之别，相应地也可以理解为普遍与个别之别，再由此理解为抽象与具体之别。

近千年的大学历史，大抵说来正是大学糅合了形上与形下两重性的历史。这自然是和大学关乎智识相勾连的。大学最初是从教会中分离的，这一情景，可以看作是“世俗知识从神学体系中分离”的直观呈现。若非“世俗知识从神学体系分离”，该不会有实证主义和分析方法之大行其道，则近代自然科学和相应的技术体系也无由出现。大学从教会中分离，既满足了人类在求知、求真上的需要，令人天性中的探索欲望可以无限展开，也在这样的“实证知识”的生产中追问当下生活和遥想终极世界。就此而言，大学之于人类文明的意义，乃是形上的。不过，和尼采当年说“上帝死了”正相呼应和映证的是，这百多年来，尤其这几十年来，大学越来越削弱了、远离了其固有的形上价值，越来越将其存在目的和意义化约为现实的、具体的、操作的和运用的层面。进入八十年代以来，“大学这间公司”“学术资本主义”这样的断言，不断地在审慎剖析大学的现状之后为学者所指陈。究其因由，则在两个方面。其一：大学在国家层面的形下之用，在德国的洪堡时代就开始了。时至今日，大学处在更为激烈的“国家间竞争”的时代。这使全球范围内，大学都在不同程度上纳入了“政治动员”之中。

政府向大学购买智识产品，其方式则采取诸如课题、“工程”等，正是大学纳入“政治动员”的直观体现。余英时曾指出，政治上普遍存在“反智主义”。这大抵在于既有的智识体系常常对现行统治有所质疑甚至颠覆。如果说“反智主义”是知识的形上功能的一种悲情性与悲剧性展示，那么购买智识产品，则是将知识的形下功能淋漓尽致以演绎。而需要敏锐以对的是，购买毋宁是另一种形式的“反智主义”。这一形式的“反智主义”，不仅更加隐蔽，从而能够少受正当性质疑甚至容易误以为是“正当的”，而且引诱了知识生产者的参与和合谋，从而可以更有效地在深处“反智”。布尔迪厄倡导全球范围的知识分子共同捍卫知识生产的自主性，即据此以言。其二，因专业化而来的是，社会普遍需要相应的“鉴定机构”，以方便地判断一个人的专业特质和素养，以方便地判断一个人的“文化资本”。大学遂由此成为“证书社会”的中心。这个“证书中心”，颁发各种各样的“证书”，当然不是慈善性地颁发，而是收费的。若说纳入政治动员中的大学，半自觉、半被迫地转型为了政府机器的一部分，则该说作为“证书中心”的大学，完全是积极、主动地转型为销售文凭的商业集团。大学今天也做广告，大学今天也强调自己的“品牌”，人们也通常看重大学是否“名牌”。名牌一词，本就是指物的，却贴在了原具有超越和空灵之性的大学上。

这个化约为形下层面的大学，对于每一个前来求学的年轻人而言，很有些问题了。问题还来自另一面，年轻人自己。他带着何种“求知”欲的？大学之于个人的关系，又是如何的？

这几十年，高等教育在全球范围繁荣，大众化、普及化则是高等教育繁荣的表现和结果。这背后的动因，离不开对知识的工具主义和功利主义态度。在工具主义态度中，知识无关精神世界的兴趣、爱好、志向、理想，只和就业、谋生、营利这样的现实功利有关。知识转变了性质，不再是精神性的和符号性的，成了资本，“知识资本”。这个词曾经非常流行，也很“打动”人。知识的价值变得可以量化了，并且是以货币量化。知识由此物化了，而物化知识者在物化知识的同时，也将自身物化了。

由对知识的工具主义和功利主义延伸出对高等教育的工具主义和功利主义。这是问题的一体两面。“可消费的高等教育”出现了。前天新加坡国立大学的几个同学来访厦门大学，在他们拜访我的短暂的交流中，就曾提及大学于招生、科目设置上在新加坡所明显体现出来的“就业导向”。这很可以看作是将消费主义引入高等教育的具体体现，也反映了这种“上大学”不过“上餐馆”的情形的普遍性。大学为了更好地因应大众对知识的实用主义立场，知识的传授采取了快餐化的形式，并且随之降低了衡量与评判学生接受知识和专业教育的程度的标准，到了“去标准化”的程度。由“去标准化”又造成高等教育的“弱智化”。为此鲍尔莱因刻意用带刺激性的语言“最愚蠢的一代”来界定新一代的美国人，他们受了“良好的教育”，却带来“另一个黑暗和无知的时代”。我把此种境况，称为“大学无关心灵”。这有学生的问题，他们的求知欲的问题；也有老师的问题，这个问题乃是类似于“上帝死了”的“知识分子死了”。教授们追逐专业知识，因为这可以转换为“知识资本”；教书这一职业的“普遍知识”，变得“可以没有”“不必有”，造成教师们“实际上没有”。

当大学只在形下层面的时候，就出现了韦伯当年所揭示的情形，师生之间的关系已经变成了一种理性的、为了知识而建立的关系，失去了其更高层次的、精神启迪的意义。其必然性则在于西方文明进程是以智识性资源代替情感性资源的，个人生存的首要的因素是知识—理性。曾经的说法，“学好数理化，走遍天下都不怕”，正反映了智识资源之于个人生存的重要性。

所幸，在这么冷静地剖析、指责高等教育的现状的时候，也还能见到堪可欣慰的情景。许多大学，或者说一些大学中的“有识之士”，他们意识到将教育化约为技能教育、将大学降落为职业训练所的错误。改正这一错误的方式，是推行“通识教育”，即去专业化的、无关知识的实用性的教育，以普遍知识、一般性知识教育学生，以达至其“博雅”。这一教育的目标，不是把每一个学生区分为具备专业差异并因此可能相互“隔阂”的个体，而是把学生塑造为“完整的人”。这是大学之中守护其形上的精神气质的努力。

我对此，另有理解和表达。

且来修行

常识上，我们以为，庙宇(或修道院)是“出世”的，非普通人所处的；而修行，是“出家”的人所做的，他们把自己献给了上帝、佛陀或另外的神圣世界。凡常之人不必修行，尘俗之地不成庙宇。我在经历了二十多年的讲台生涯后，渐渐醒悟，“在家”“入世”的人也是要修行的，教育其实也正是修行；为人师者，其要端在帮助年轻人修行；而大学，毋宁说就是修道院，一种立于凡尘之中的修道院。这所“修道院”，不必刻意选址于“千山鸟飞绝、万径人踪灭”之所，其独特性和意义恰在于它不避尘世，在于为处凡俗之境而求保有完整的、纯净的精神世界添薪火、续弦歌。

源头上说，大学起于从教会分离，学袍延续神袍而来即是大学从教会“进化”而来的标志。此中即含了大学不脱某种形上特质的意味，甚至可以径直说大学内含了形上的“基因”，由此实可促使我们约略地将大学视为“修道院”。在中国，一些大学，我所知的是厦门大学、山东大学、福州大学，也正是和庙宇(教堂)比邻而居的，由此比邻而居而出现比肩并立的格局。大木雅夫提到，迟至二十世纪五十年代，在法国，教授进教室，完全不似我们今天所见到了。他必须穿教授袍服，有两个引道员为他开道。我从书上看到这一段的时候，惊且疑。所惊者是，幸好我忝为“教授”的时候，不必这样了。否则学问不好，怎敢进这教室？就算别人没有意见，自己要把自己羞死了。所疑者，乃是何以二十世纪五十年代之后教授们“风光不再”了？后来多读了一些书，终于明白是和“可消费的高等教育”“相配套”的。如果教育不过是传授“使枪弄棒”的，教授也不过是“禁军教头”，这“派头”“仪容”自可不必，甚至不宜。但是，话说回来，习练拳脚功夫，不也讲究武德的嘛。不修武德，一身功夫，果然是“横练”了，蛮横地练着，终至蛮横地用了。所以，这关乎心灵的形上的一面，怎么就可以省却？

教育堪称“博雅”，目标可定为“完整的人”，断不可脱了三者：智识的提升，心灵的熏染，人格的养成。这三者，正对应着大学之大：大视野、大胸襟、大气魄。以智识的提升，获得开阔的视野；以心灵的熏染，造成胸襟的博大；以人格的养成，型塑气魄的恢宏。一个年轻人，在四年的课业中，渐渐开阔了视野，熏染了心灵，放达了胸襟，还有比这更重要的？他若这么渐渐成长了，不正是在修行中吗？我这么说，自然不是一味主张年轻人来到大学只做这一番容易认为是空洞、玄幻的修行；我要申言的，是大学不能少了具有抽象性、超越性和空灵性的修行；我不反对也不能反对大学采取合适的形式施以专业性教育于年轻人，便利他们的安身立命。因而最准确的说法是，大学应该将带有形下意味的专业教育和蕴涵形上特质的博雅教育相融汇，更应该从专业教育中提升出博雅教育的一面。如此，这不避凡尘的修道院，最恰切地将形上与形下相勾连、相融通，而不是冰炭不容地分别与对峙了形上与形下。

就算同是习武，一个人进了少林或武当，他修习少林棍或武当剑，学的是技击之术，可他必得打坐入定、诵经修心的。这寓形上于形下、由形下至形上，是庙宇之中习练形下的技击与市井之间要弄拳脚功夫所不同的。孔夫子当年教授六艺，于礼、乐、书、数之外，复有射、御。看起来，礼、乐关乎社会秩序的构造，书、数是文明中的符号活动，射、御则带有形下意味、属于技术层面，实则射关乎身心修养、御与遵循祭祀传统关联，都具有精神活动的特性。这“万世师表”，垂范了将形下与形上通连的教育理念与方式。后人当如何？

且看《中庸》所言：天命之谓性，率性之谓道，修道之谓教。

重申师道

大学既内含形上的特质，师道则为相应体现。为人师者，面对莘莘学子前来修行，自该谨慎、恭敬、勤勉、自律，不可简慢、倨傲、怠惰、骄矜。此乃“为师之道”。学生有过，见而责之，非是以苛严对待学生，恰是恭敬学生；学生懈怠，知而督促，也是师者自律；学生有惑，闻而释之，以学生之惑为己身之惑，是以自己的谨慎、勤勉应和学生的谨慎、勤勉。为人师者，以简慢、倨傲、怠惰、骄矜相示于学生，教的只会是这简慢、倨傲、怠惰、骄矜，那是不曾诲人，实已“毁人”；以谨慎、恭敬、勤勉、自律相待于学生，那是温润少年之心、健全少年人格，养少年浩然之气、传人类精神血脉。这一端，若拿了茶之为饮所含超越、空灵而生“茶道”相比拟、参照，则恰是大学以其形上特质而生“师道”。惟此师道，方能助少年书生修行；惟此师道，始可明大学自期以、自居于“修道院”。

有此师道，乃有师者一己之尊严；此一师道，非只师者一己之尊严。此等师道，是殿堂般的学园该有之气象；此等师道，实为师生融契、仁敬之道。

恭敬师道，是学生的本分；履践师道，是师者的本分。愿同学与同仁，同此心、共此道。

厦门大学，那悲悯与传奇的学园

在多年的“大学与人生”之后，新添了为厦门大学本科新生的讲座，“厦门大学，那悲悯与传奇的学园”。此番将口述转成文字。

——题记

一所大学，专业素养、学位证书之外，最该给予她的少年书生的，是什么？

这所诞生于中西文化交汇的那个时代的大学，怎样去体验、感悟她内在的精神气质？为什么堪称悲悯与传奇？她曾经的谦谦儒者中，演绎了怎样的人生传奇？她如今的书声朗朗、书生意气中，藏着曾经的金戈铁马、旌旗猎猎，沉淀出内敛的力度吗？在她繁花四季、天风海涛的景象之外，在她美轮美奂、气势恢宏的建筑背后，她的历史与人物，她的情怀与气度，构造了怎样一处眼不可见、身不能至而惟以心可思、悟的学园？

2001年4月6日，厦门大学建校八十周年。这事本与我无关，一则报道却对我影响不小。一些美洲回来的校友，在一起回忆着萨校长，诵唱起校歌，泪湿衣襟。报道只做简短的叙述，没有任何抒发。我看着，动容十分。萨校长时期的校友，在1937—1945年间。到了母校八十周年的时候，全然是耄耋之人。这些历经沧桑的老者，白发苍苍却热泪盈眶，那是怎样的场景？观闻之人，能不戚戚然？缘由所在，却是一所大学、一位校长。我止不住想，怎样的校长，让他的学生，如此感怀一生？我生既晚，无缘亲炙于萨校长，却能、更该续他心曲、延下香火。我决意，从此我所带领的厦门大学学生团队走到哪里，厦门大学的校歌就在那儿响起。厦门大学辩论队由此成了“唱着校歌去比赛”的一支学生团队，校歌中他们并不慷慨激昂，却是安然自信。在每年给二年级本科生开设的选修课《辩论与演讲》上，这一群的厦门大学学生，是每周唱着校歌开始他们的课堂的。有时，课堂移到户外，他们的歌声乃汇入天风海韵。

我和萨校长之间，其实也只隔了一个长汀时期就学的何师；又另有机会，读到许多长汀校友笔中的萨校长；校园里的幽静处，是萨校长安眠所在，碑上简要记述他的行止，时常可以在校园漫步中去看他一眼。渐渐就再不觉得他离我有多久远了。1937 年厦门大学改为国立，国民政府委任清华大学的物理学教授萨本栋接任国立厦门大学校长。这个当时中国最优秀的理论物理学家和机电专家，十足是风华正茂，年轻得只有三十五岁，更携网球场上的英姿。但是，这个从科学家兼了教育家的萨本栋，却不能平静、从容地管理这所大学。他从北平南下，磨难和传奇在等待他。掌校不久，为避东瀛战祸，他率领全校内迁地处闽西的昔日汀州府治所在地长汀，人员、图书、设备一无遗漏。汀江边上这所狼烟烽火中的大学，几乎是当时能够于战时免却颠沛流离以弦歌不辍的中国唯一大学，战后复学则几乎是中国一众大学里最早的。独此一番景象，就足以让这所大学至今依然可以傲视同侪。战时的厦门大学，公认为中国大学中设施最齐整者；战时的厦门大学，于学生之勤勉问学与谨严行事，却也是督责最厉者。这一切，似乎不足以让长汀校友为校长老泪纵横。校史记载，“1941 年 1 月，萨校长横遭诬枉，加以多年校务劳累，以致胃病、风湿症并发，卧床不起，病中仍关心校务，并在床前为学生上课”。落泪的“老生”中，就有那时病榻前受萨校长耳提面命的？他是拆了国民政府配置与他的轿车，发电供学生们用的；他是在日军的狂轰滥炸中全校最后一个进防空洞的，他是在空袭警报解除后全校第一个出防空洞的。物理学家和大学校长萨本栋，竟然是观音菩萨万千化身之一？是地藏菩萨慈悲情怀再现？

不知道长汀八年，萨校长是怎样的殚精竭虑、心力交瘁、积劳成疾。抗战胜利而返回厦门后，校长只得坚辞其职，赴美治疗。三年多后的1949年初，以英年而早逝。他算是为这所大学而逝？这所大学，历史上竟累死过一任校长？校长以一己崇高，遗泽于无数后学。他的才智与仁慈，是这所大学无数荣耀与福分中最紧要的一部分？

能得萨校长赐予这一份荣耀与福分，也是有因缘的。校主实业惨淡，与文庆校长勉力维持数年，终不得不在1937年将私立厦门大学移交给国民政府，遂有世居榕城的萨校长自北平南来鹭岛。校主为移交厦门大学一事，致信国民政府教育部长，言及学校也可勉力维持，但已“不能时时更新教学设施，唯恐贻误青年”，故而将学校交予政府；却又因一己力微致“贻累国家”，深为不安、愧疚，辗转难眠。校主称，幸有古人之训导，“有善始者，不必有善终”，得以从“贻误青年”与“贻累国家”的两难与煎熬中脱困而出。我自1981年的六十周年校庆听得黄克立老学长颂扬校主起，就对校主感念、追慕不已；坊间不乏以校主为研究主题的著述行世，也专门辟有陈嘉庚纪念堂。我却只在这一刻，2004年4月5日，专程往谒长汀校址而在纪念馆中得知校主此中言辞，才体会得他内心的仁厚、胸怀的博大。我静默无言、思绪万千，由此往日愁肠尽解、问道之心愈坚。校主深具闽南人的血性，这从他抗战中的行事可以知道。他的血性之下，复有悲悯与柔情。“血性的温柔”。这个十七岁海路下南洋、异乡求生计的闽南汉子，于学堂书生，仁厚有过慈母，别样形态。单只建筑一项，他执意要求校舍的采光、通风必须最好，以方便学子；建校伊始即用一字罗马式长廊贯通依山面海的群贤楼群五幢，长廊的户外部分加顶盖，务使少年之通行无惧雨淋日晒。

三十五岁、风流倜傥的萨校长，是从六十八岁、儒雅斯文的文庆校长手中接过厦门大学的。我以“不避尘世而彰显其独特意义的修道院”来定位大学，两位校长恰可验证。如果说，掌校八年、死而后已的萨校长，几乎以肉身演绎了他作为知识分子的“献祭”情怀，文庆校长的“献祭”则纯然是精神性的，更是自我放逐的。十六年的时间，文庆校长从中年而老年，实在是把他的后半生，倾力、倾情奉献给了初创的厦门大学，造就了这所中国私立大学之翘楚。

回溯厦门大学建校的1921年，在上海，一群知识分子秘密集会，以结成政治团体，意欲借革命、暴力推动中华的进步和人类之文明。晚清以降，“千年变局”成为时人共识。康有为于此千年变局，所看到的，不独是“列强环伺”，更有“士人革命”，即革命不再起自社会底层而是动作于知识精英、社会中坚。1921年7月的上海，即是二十世纪中国“革命的政治”的浓彩重笔。其所带给中国和世界的影响，迄今尚难以估量、评断。同一年的早些时候，另一些知识分子在同因鸦片战祸而开埠的厦门，合法结社，力求以文化与教育汇力于中华的进步与人类之文明。这所大学，也正是在新文化运动的流光溢彩里，在中华千年变局之困境、艰难中，于“知识分子变身为革命家”的逻辑之外，循守护知识分子的纯粹性的内在逻辑，伴天风海韵卓尔临世。也是1921年7月，文庆校长甫一莅校执事，即在《厦门大学校旨》中开宗明义：“本大学之主要目的，在博集东西各国之学术及其精神，以研究一切现象之底蕴与功用，同时并阐发中国固有学艺之美质，使之融会贯通，成为一种最新最完善之文化”。这所大学，和一个具有世界性能量的政党，既“偶合”又迥异，自该有恢宏气度、高阔视野？注定了悲悯情怀、传奇经历？

这所大学，以“止于至善”为学园训言。《易经》有言，“上善若水”。试解为三：水生养万物，而“天地之大德曰生”；其至清至洁，涤荡万物、消融污浊；以柔弱可胜刚强，虽至柔却成至刚，既至柔亦复至刚。不知文庆校长本意如何，我以为是将生命意趣蕴含其中了。校歌在“鹭江深且长”的映衬中，以“学海何洋洋，至吾知于无央”和“人生何茫茫，充吾爱于无疆”，将文化传承、人格养成的大学之道，柔美、抒情以演绎。又何尝不是淋漓尽显着生命态度？书声琅琅，歌声锵锵；天宇苍苍，少年臧臧。那古雅圆润、中西合璧的厦门大学校徽，中间书“止于至善”，并有一城门图案。其意，既是这所大学地处有“华夏门户”之称的“厦门”,更是表示大学为知识之殿堂,向社会与公众敞开。建校不久,即有厦门大学教授,时时轻舟渡海,赴今日已游人如织的鼓浪屿,授课平民夜校。芙蓉园的书香花影,但盼入街巷、被市井。五老峰下与古刹南普陀并立的芙蓉学园,也是心怀苍生的。1937 年 10 月,“国立厦门大学学生救国服务团”成立,更是国难当头,不避牺牲。

这一处芙蓉学园,今日少年且歌且读、且行且修,一派祥和、曼妙,史上却非沧海桑田所能言。据说,五老峰下不大的这一片平地,本是汪洋。地质变迁将厦门岛的许多古海湾造成了平地,此处即其一。南普陀寺前现在还容易见到海蚀石,即由海水和海风的侵蚀作用而形成的地貌,可见某个过去这是临海的、是海水可以亲吻山脚的。沧海桑田中,还造出了几处天然湖,地质学上称为潟湖。校园之中本有两处,居然在这二十年间先后遭了“灭顶之灾”。有一处,一度为同学们称作“半月湖”。上天遗爱于芙蓉园,管理当局居然暴殄。常有“海上花园学府”雅称厦门大学的。世人多以为,厦门大学依山面海,是海边的大学;或以为,这大学在岛上,则为海中间的大学。惟有这“海上的大学”,最是确当。

当年洪武皇帝重靖边,以卫所制行之。大约在明洪武三十五年,厦门岛上设中左所,隶属永宁卫。永宁卫城,为今日泉州境内的永宁镇;中左所城,在今日厦门中山路的东端高起的玉屏山,与鼓浪屿上的龙头山遥对,是厦门城之始。附属中左所城的,是厦门岛上的一些小要塞。其中之一,正在厦门大学校园内,古称白城。今日名声颇盛的白城海滩,即据此而名。白城尚遗有三小段城墙,一处在女生宿舍石井群楼下,墙上长着榕树,已是榕荫浓浓;一处残墙还伴有城门,称“镇北关”;一处与建南楼群最东端的成智楼相接,坍塌不显。始于明初的这般陈迹,近于湮没。为世人所知者,则与明末有关。郑成功拥军据金、厦。五老峰下山海间的这一片空阔平地,是他操练步兵的,向称“演武场”。他的舰队在厦门岛与鼓浪屿之间的水域鹭江操练,鼓浪屿龙头山的日光岩就称“水操台”,说是“舰队司令”对着鹭江的司令台,大体可理解为“点将台”。郑军另有初期演练水军的地方，留下了名字，“演武池”，也算得在厦门大学校园里，正是天造的潟湖中唯一“健在”的。校主当年得古演武场，兴此新学堂，临观音道场，对浩瀚汪洋。奇哉，妙哉，善哉，壮哉。

那昔日的旌旗猎猎、金戈铁马，合如今的书声琅琅、书生臧臧，演化作一种内敛的力度？学堂初兴，乐歌声起。校歌起自“自强、自强”，乃是厦门大学以“自强不息、止于至善”为校训；收于“南方之强”，为厦门大学建校之初即立高远目标以自勉。此“南方”，非地理与空间之意，乃文化与气质之指。“南方之强”自《中庸》出：“有北方之强，有南方之强。宽柔以教，不报无道，君子居之，为南方之强”。与慷慨赴死、勇武彪悍的北方之强有别，南方之强所呈示的，是温文尔雅、恬淡谦冲。我以“内敛的力度”相称。唯此内敛的力度，方能相适于大视野、大胸襟、大气魄，以成大学之大境界。嘉庚校主，林、萨校长，俱为典范于前，晚生后辈如何相继于后？

1937年的厦门大学，“弱冠”，多难。“过继”政府为国立大学于先，跋涉远迁成战时大学在后。远避战祸、人去地空的芙蓉园，随后并不静寂。一支当时世界上装备最精良、向来有着独特的彪悍武风的军队，盘踞于芙蓉园。大和民族的“闽南派遣军司令部”驱去了书声与歌声的余音，踩踏着少年与师尊的痕印。到抗战结束时，洗劫过后的芙蓉园，其毁坏程度已经完全不能起薪火、续弦歌，甚至日军战俘营一段时间里都就地设置。1945级的厦门大学新生，入学不是在这五老峰下，而是学校在鼓浪屿多方筹措借来的屋舍设立的新生院。战前厦门大学的理学已经颇为可观，生化大楼是当时中国最先进的研究设施之一，“光复”时已彻底毁损。早些年在南开校园，知悉其饱受日人轰炸，校舍、图书损失巨大，其中就包括国内为孤本的血书《金刚经》。若说日人于南开是毁，于我芙蓉学园还有凿刻，用工事。我入学时，紧邻南普陀的大南校门入门处即有一座坚固的碉堡，当时“伪装”成花坛了。1987年修建新图书馆以容“玉帛”，离日人“干戈”只五十米之距。这一处碉堡后来移走了，校园里至今还留有几座。可以不显，却该留存。1956年新建建南楼群，其最东端的成智楼的东侧与明洪武白城相接，成智楼西侧与南光楼之间，有一道壕沟。我猜测，也是日本人修建的工事，以拱卫其司令部。有趣的是，位于相隔六百年的两处军事设施中间的楼，名成智；我上学时，是图书馆，时时在三楼临窗面海静读。还有几处坑道，建南大会堂后侧山脚，有；今日位列国家重点文物的芙蓉一楼下方、科学艺术中心东侧，有。大和民族给芙蓉园留下了深深的疤痕，南普陀的晨钟暮鼓尚不能完全抚平它，恰可助芙蓉园的书生“问学未敢忘国忧”。更想当年，校主专门选定5月9日为最初之校舍群贤楼群奠基日。乃因1915年的这一天，袁世凯承认日本意图灭亡中国的“二十一条”，举国以为国耻日。校史载，“为使全校师生不忘国耻，发愤为国，所以陈嘉庚赶在这一天为厦大校舍奠基”。

正是：

东瀛有恶客，欺我少干戈！

铁蹄踏学园，斯文徒奈何？

芙蓉园里，七百年前旌旗猎猎、金戈铁马，七十年前敌酋狰狞、枪炮轰鸣。俱往矣。愿一应铺垫与洗礼、所有跌宕与传奇，沉淀出、消融于少年佼佼、师道滔滔。

这所大学最后一次整体性地演绎她的悲悯与传奇，是在20世纪50年代的约十年间。在一种广泛、彻底的政治动员的体制中，大学完全服从于政治目的。院系调整就是大学服从政治目的的具体事件。1951年5月，厦门大学、西北工学院、北洋大学三校的航空系并入清华，设立清华大学航空学院，后来演变为北京航空航天大学。航空系是萨校长手创，是他敏锐于民族所需的先见之举。校友回忆，萨校长指示相关人员敦聘沪上某教授前来课任空气动力学，概非此不成航空系。有人担心这位教授不肯应聘，萨校长回复，如果这位教授不肯来，由他亲任空气动力学之讲授。

1952年，电机、土木、机械三个系各一部分并入浙江大学；俄语专业合并到南京大学外文系；海洋系海洋物理组师生转入当时在青岛的山东大学，组建山东大学海洋系；土木建筑的余下部分，并入同济大学；机械和电机两系，与几所著名大学的部分院系组建南京工学院，即后来的东南大学；包括厦门大学在内的几所大学水利专业合并，在南京成立了华东水利学院，即现在的河海大学。

1953 年，企业管理系调整到上海财经学院，现为上海财经大学；法律系与华东各大学法律系合并，在上海的圣约翰大学的校址上新建华东政法学院。

1959—1962 年间，厦门大学海洋系全部调出，与留在青岛的山东大学海洋系成立了青岛海洋学院，今日为中国海洋大学。厦门大学在 1970 年自行重建海洋系，现在扩展为海洋与环境学院，依然为中国海洋研究之重镇。

1994 年更名为大连海事大学的大连海运学院，也是五十年代院系调整中由东北航海学院、上海航务学院、福建航海专科学校合并而成的。福建航海专科学校即为从厦门大学分出的航务专科。

1957 年，厦门大学与全国十余所著名高校共同创建了内蒙古大学。

1960 年，为筹办福州大学与物质结构研究所，厦门大学再迁出了一半的理科。

更早的 1924 年 6 月，因学潮，或者说学校内部师生之间、教授与校长之间有所纠葛、抵牾，三百余位教师和学生出走上海，在原厦门大学教授欧元怀、王毓祥、傅式说等人的帮助下取“光大华夏”之意建立大夏大学。经五十年代院校合并，为今天的华东师范大学前身之一。

这自也是一种生生不息的生命形态了，也是契合了“参赞化育”的生命理解了。这所大学在以“止于至善”训示于她的莘莘学子时，自己也这样履践了这一训言。

西太平洋的万顷碧波之畔、天风海韵之中，青山为枕、古刹相邻，钟鸣博览、弦歌不辍，此芙蓉学园也。

卷三

一书三式

如今学生不读书

检视一个从禁书到弃书的时代

2007年秋起，为厦门大学法学院硕士研究生开设题为“作为纯粹精神活动的阅读”的讲座。到2009年秋，思考渐周全，不再把这一主题仅仅与读书相关联，而是置于中国当代社会转型的背景中。此遂有2009年10月29日在厦门大学图书馆的同题讲座。2010年8月31日在西安交通大学为同学们讲当时对阅读的最新理解，“无字地书，眼行心读”。这是在穿越秦岭的火车上构思的。2010年12月24日，在厦门大学图书馆“人文社科实验室”，以“生命，在阅读中展开”为题，进一步释解阅读。这个“偶遇”平安夜的讲座，也能不虚一座，大抵因了生命关怀的旨趣。再后来，寻思就阅读这一主题，组合成一个专门的系列。“一书三式”即由此而来，以下三文是就此分别展开。此文则是试图纳入时代转型这一宏大背景下来思考阅读。

——题记

谁还“知书达礼”

按一般的说法，大学是知识分子扎堆的地方。那么“何谓知识分子”就是一个需要明确的问题，这却又是一个不容易有答案的问题，至少是一个答案容易有分歧的问题。而且，在这个欧美主导的全球化时期，就算有答案，也不过是按照"西学"的理路寻得的答案。按照中国式的理解和表达，士、文人、读书人，指的大体上就是今日称为知识分子的一类人。这一类人，有什么特征呢？或者说，社会对他们该有什么要求呢？这当然也不是能够简单说清楚的。有四个字，老话，既简约又深刻地回答了这个问题，"知书达礼"。这个时代的中国知识分子，不论是严肃的、严谨的，还是放纵的、放浪的，总该还有一点基本的识见，由以承认这个时代知识分子的总体沉沦甚至堕落。拿了"知书达礼"这个尺子来量一量，也恰好可以量出知识分子总体沉沦这个结论来，叫做"如今教授不读书"。

"知书达礼"是分了两个方面来衡量读书人的。"知书"这个方面是从知识论上来说的，它试图表明甚至是强调知识分子的专业性。这么一群人，他们为人类生活提供象征符号、从事符号生产，不像工商系统提供物质生产，也不像政治系统着落于制度的运作以维持这个不完美的凡俗世界的有序和正义。他们既不是物质的也不是权力的，而是话语的或者说符号的。由于生产和提供这种象征符号在今天以专业化的格局进行，于是一个"知识分子"就常常具体化为一个物理学家、一个经济学家，或者说一个科学家、一个艺术家、一个教授。这表明知识分子是以一种外显性的、专业性的划分来表明他的身份、角色的。所以不妨把中国文化中所说的读书人该是那种知书达礼的人的"知书"，理解为从知识论意义上界定读书人：用符号表征这个世界，并以专业分工为基本形态。

"达礼"这个方面是从价值论上来解释读书人的，也就是从更为精神性的、超越性的方面来理解和要求"读书人"。这个"达礼"又可以区分为两个层面。第一个层面，相对来说是形而下的。礼这个字最直观和最表层的含义指的是礼仪，所谓"彬彬有礼"。一个"达礼"的读书人，必是一个举止斯文、儒雅的君子，他的举止是有规矩的，也是有美感的。我们可以把它理解为追求一种教养、雅致，读书人应该有最基本的教养和雅致。这种举止上的规矩，甚至有可能会达到一般人以为的迂腐的“穷酸”境地。例如，在古人看来，一个讲礼的读书人应该“湿身不乱步”。所谓“湿身不乱步”，毋宁是对这种教养和雅致的生动的、夸张的、戏剧性的表达。对读书人在“达礼”上的要求，可以说是中国文化中的一种基本的、稳固的心态。我少年时的一次经历，可以验证这一点。在我高考之后、前来厦门大学入学前的那个夏天，我去外婆所在的海边渔村小住，算是向外婆辞行。一位远亲，因了我能够上大学而以成年人之礼隆重地设宴相请、相贺。可我自己，实在依然还只是个半大不小的孩子，席间有不适当的举止，这举止却也不很过分，更不妨碍和伤害他人。这一家的奶奶，边上亲见，极为惊讶。老人家也并不径直教导我，细声向她的媳妇说了声，“他是读书人呀”。我听到了，当时很惊讶，我的小举动和这话怎么关联了？也很羞愧，知道我一定做错了，却无从知道错在何处。多年后，总算明白了老人家的意思。她觉得读书人该有那样的一种教养和雅致，可是这个马上要上大学的十六岁少年，他没有做到。所幸今天我能够写下这一番文字，也不枉我偶遇那个奶奶当时对我无意的批评。我更该借此感谢她，不仅谢她添了我后来的一点教养，更是谢她帮助我作为“读书人”来思考“何为读书人”这个问题。

在礼仪所关联的规范和美感中，也包含了一个“讲礼”者的恭谦、谨严、自律、节制。遥想当年，那个“与天地合其德”的万世师表孔夫子，最是体现了此中意蕴。礼，就由“仪”而“节”;“达礼”就更有一层超越了礼仪、教养、雅致的意思，它更加地超越和精神性。这和“礼”这个词在形而上的层面的含义相关。清代小说《醒世姻缘传》中就有这么一段话：“可也再无达礼的君子，合着守节的妇人，到这种处所的”。这一则例证，也似乎可以表明两点。在中国文化的普遍的、基本的观念中，礼不独和“仪”这一具象的、外显性的含义勾连，更与“节”这一抽象的、潜隐性的含义通连；而君子，是务必“达礼”的。君子之达礼，即妇人之守节。君子当守之节，为气节，为风骨，一种纯精神性的和超越性的东西。于是，读书人之“达礼”，就其关键，是触及每一个生命个体和我们这个生活世界深层的精神内核。那么，一个读书人，他应该是进退有据、行止有度，以成一种特定的操守；由此个体性的操守，守护一个民族、一个时代精神的纯净、内心的高远、思想的深邃。

这个转型中的社会，读书人依然“知书达礼”吗？用例证的方式来回答这个问题，指着张三、李四或王五，说“他是”，那是不得要领。今日的“读书人”，群体性地演绎了逐利动机，将文化资本的可兑换性展现得透彻之极。这是说的学术的动机。就结果而言，今天看起来繁荣的学术界，大量地炮制着学术垃圾，总体上没有为这个民族和时代提供可以称之为真正意义上的知识增长或者知识增量的活动。在知识论的领域今天中国的读书人其实失去了真正的、严格的、严肃和严谨的、纯粹的学术创造和符号化生产的能力。反驳这个断言，是不能用拿来一本书声称其具有独创性的学术见解这一方式的。我们完全可以想象一下，如果今天的教授是读书的，是认真地读书的，是严谨地读书的，是勤勉地读书的，今天中国的大学校园和中国的学术界就可以是非常干净的。实际情形却是，顶着教授头衔号称做学问的这个群体，他们存在着如此大范围的、如此触目惊心的学术不端，并且知识生产的自我评价和自我纠偏机制也彻底崩溃，学术的自我修复能力丧失殆尽。“如今教授难知书”。

这样的问题实不限于知识论上的问题，已经关联着价值论上的问题了。这样一种学术上缺乏真正意义上的知识生产或者说符号创造的能力的群体，同时失去的也是他们的气质和气节。“读书人”今天用学术不端所摧毁的，不光是他们自己的气节和风骨，更是在玷污一个民族的心灵纯净，扼杀一个民族的文化生机。“如今教授不达礼”。今天的读书人真的抛弃了使他们成其为他们自己的那些最基础、最根本和最关键的东西，自己演绎了一种版本的斯文扫地。合此知识论上“如今教授难知书”和价值论上“如今教授不达礼”，成“如今教授不读书”。

这一番文字，严肃地解剖“读书人”，既是基于知识分子的自我批判这一特质，也是要向学园里的少年书生提示一种现实的而非理想的状况，不遮蔽、不文饰，直面问题，坦诚以告。以当下之坦言，求未来之改变。

书生安坐静读?

大学生虽算不得知识分子，总还是要在大学里读书的，所谓“书生”，且少年。一众少年书生中，只有少数在未来也续了杏坛之业，传了人类的薪火、文明的弦歌；绝大多数，另有其业，无关学园。大学教授学生，并不全然为了“再生产”未来的教授，却也定然是通过大学教育“再生产”出最能够了解和理解大学作为文化组织和教授作为人类分工的形态和意义的人群。要具备这种了解和理解的能力，少不了相应的读书。梁启超当年说“读书不为稻粱谋”，也可以在这个角度来理解。那么，先生们已是“如今教授不读书”了，学生们也还安坐静读?

今日的学生，总体而言，热衷于和满足于各种各样的考试，却无心读书。“会考试，不读书”成了今日书生常态。这是这些年来我细辨明察所知。每年的硕士生入学面试，我总要问，“本科阶段所读过的印象最深或影响最大的一本书”？几乎没有能够脱口作答的，许多同学甚至无从作答，即便勉强回答了，说的也不过是一本某一课程上的教科书。这十年的大学生辩论赛，不论是国内的还是国际的，中国学生对于辩题-问题的阐释、所表达的见解，在我身为评委的时候越来越感到失望。辩手席上，或许只为言说的快乐、名次的荣耀，思考的深沉、见解的独到、逻辑的严谨等与“内心的质地”相关联的方面，单薄甚至缺乏。在我谨慎地面对中国大学生辩论赛这样一种属于“辩论的胜利，是读书的胜利”（谢希德语）的思维活动，却看来“心力”不足时，我着意辨析同学们的阅读状态。“所有的视听，只关乎时尚，无关思考”。这是我 2010 年 12 月在苏州大学举办的第八届中华名辩盟国际辩论赛上，向一些来自不同学校的同学求证的结论。不再安坐静读的少年书生，集体性地采取了“弃书”之举，有书不读。

中文写作水平普遍而明显地下降了，这是"弃书"的又一表现。这固然是多种因由所造成，如外语的影响、网络语言的冲击等，读书不多、不认真、不用心，自然也要导致母语水平降低。常常见到硕士生，在学期论文及至毕业论文中写不出规范、准确的中文，更不用说要求母语水准上的流畅、优美了。我甚至遇到过行文极其拙劣的博士论文，不能卒读。实在不知他的导师如何看得过去，这样的博士论文可以进入评审阶段，到了我眼前。

我所主张的大学之大境界，大视野、大胸襟、大气魄，也有另外的一句话以表达："读书乃为养正气，问学未敢忘国忧。"我非常推崇这样的读书态度。今日以观，正气与国忧，在少年书生中也是"气若游丝，乐而不忧"了。若是无关正气、舍下国忧，纵然行那读书、问学之举，也是有形无神、似是而非。今日书生之读书，大抵就等如古人所言，"小和尚念经，有口无心"。所谓弃书，不在乎是否"手弃"，端在"心弃"了。若非"心弃"，何来今日普遍困扰中国大学的考试作弊？

冷静而审慎以言，问题并不出在少年书生，或者说主要不出在学生。教授弃书于先，学生弃书以继。不读书的教授，如何教得出读书的学生？不读书的教授，如何教得了读书的学生？学园之中，教授和学生，"联手"弃书。先生失了先生的本分，学生失了学生的本分。一个时代，最该潜心读书者，却行弃书之举，岂不表明这个时代是个弃书的时代？

师道兮既毁，少年不诲！绵续兮薪火，青云不坠。

由禁书而弃书

略略回望，情景却迥异。

1978年之前的一个时期里，中国人是无书可读的，或者说是不能自由读书的。这是一个禁书的时代。按照余英时的观点，中国历史上，从先秦开始一直有一种传统，反智主义。这是政治系统对待学术活动、对待精神思考所持的一种观点和态度。从焚书坑儒，从罢黜百家，从曹操说"士不为王者用，杀"，从作为明清两朝定制的临雍讲学,更不用说从李贽入狱和文字狱,都可以看出这种政治上的反智主义。“反右”和“文革”,或许算是中国历史上这种悠远的政治上的反智主义的延续。和反智主义相伴随的一定是一种情况:把书给禁了。人们没有阅读的自由,没有思考的自由。1978 年之前的中国正是如此。那个时候确是没有书可以读,没有学问可以做。到 1978 年以改革开放来开启这个转型时代的时候,有过一次重大的科学和文化事件,在北京,开科学大会。这个科学大会为媒体也为知识界称作“科学的春天”。学者们开始发现终于可以做学问了。许多的研究,政治学、法学、社会学、人类学等,在 1978 年之后才得以重建。那个时候,1978 年,还有另外一起事件,一本杂志诞生了,《读书》。尽管现在知识界对这本《读书》今天的状态有极深刻的和敏锐的批评,但是必须承认,1978 年之后的一段时间里,这本薄薄的《读书》提供给中国人的知识上和思想上的营养是非常巨大的,远远超过了它的篇幅。在相当长的时间里,它代表着中国知识界最活跃的和最前沿的思考,它提供给乐意阅读的中国人了解西方世界、西方学术的一个最好的窗口。这一本小小的杂志,意外地成了一个民族、一个时代的窗口,起了非常大的作用。我这一代的中国人,若说是由《读书》所滋养和造就的,并不夸大。八十年代的《读书》之于中国人的精神生活,实有如约九十年前北京大学之于新文化运动的中国人的精神生活。这固然是一册小书、一所大学的贡献与荣耀,却又毋宁是一个民族精神上的无奈和单调。这些年有老一辈的人,经历了这件事情的人,回忆、记述、评析当年的这件事情,称办这个杂志的主旨,是想通过这个杂志来表明一种强烈的态度,“读书无禁区”。由此完全可以想象,1978 年以后的中国社会跟这之前的中国社会确实有很大的不同。

1977 级、1978 级那些大学生,他们在重建高等教育制度之初上大学,对于阅读、对于知识、对于思考的渴望,全然是现在的大学生无法想象的。据说当时北京图书馆作为国家图书馆简直挤破了头。许多人可能就是大清早五六点去排队,简陋的绿色军用挎包里只装着两个馒头。那时候大家生活水平都很低的，甚至都没有办法带一瓶水。在国家图书馆里面一度一天，到闭馆再回来。全民族的，一种对于阅读、对于新知的热望。说来我真正的阅读渴望，并不是我乡村小学时期，而是在八十年代的中期。那时候对于西方的学说、思想，既有清风徐来舒爽人心的感觉，也有劲风扑面无力接纳的感觉。这显然和今日我们对于西方的知识、理论的感受是大不相同的。另一点很不同的是，那个全民渴望读书的时代却又是少有书可读的时代。大学的录取率非常之低，就足以显示读书之难，例如，1980 年的高考录取率是百分之四。就算考上了大学，也难免无书可读的窘困。我的本科四年，是在接近于没有教科书的状态下学习专业知识的。

进入九十年代中期的十几年里，书籍已经不再匮乏了。这个民族的精神状态和改革开放之初前十几年却完全不一样了。整个民族经历了从禁书到狂热地渴望阅读再到弃书的转变。过去是无书可读，这个弃书的时代是有书不读。不知道后世的史家，对于中国这百年的精神生活史、全民族的阅读史，是否有瞬息万变、跌宕起伏的感觉；书写起这一段历史，是否有殊难落笔的困顿。

颠覆式的剧变

后世史家的此番困顿，必定还会因为孔夫子在二十世纪的跌宕而加剧。

这位通称为孔子、足以列入有限的几位影响人类文明的最重要人物之一的儒家创始人、“万世师表”，我在乡村小学的时候也算是知道的。不过，那时，人们直呼其名为孔丘，甚至时时贬称为“孔老二”，孔夫子、孔仲尼这样的称呼，是不用的，也不能用。因为他是批判的对象，出于当时的政治需要。我在小学的操场上开过全校师生的“批林批孔”大会，在校长的“批判性发言”中和满校园的宣称张贴中，得以知道有个“克己复礼”的孔老二，完全一派“反动人物”的反面形象。这不是我一个人最初所知道的孔子，而是我这一代人最初所知道的孔子。即便是在文化、思想领域，也是前有新文化运动的“打倒孔家店”，后有八十年代中后期为汇力中国的现代化进程而反思和激越地批判中国文化传统，儒学自在鞭挞之列。电视片《河殇》代表的正是当时中国思想界的一种立场，于“蓝色文明”或“海洋文明”的向往之心无以复加，文化传统视如敝履。然而，这十年间，尊孔风行，朝野并举。海外，大兴孔子学院；国中，“尼山孔子论坛”连续举办，大规模、高规格；官修孔庙的传统，也由柳州市的地方当局续上了，而这座城市在百年中国工业化转型中本是以工业城市著称的。不一而足。

由禁书而弃书的变换，堪可称为颠覆式变化。这又不过是整个转型期社会变迁的一部分，并充分地展现了整个转型社会的特点，颠覆式剧变。孔夫子在当代中国的遭遇，不论在政治领域还是在文化领域，由反孔而尊孔，是这个时代的颠覆式剧变的又一方面。这个时代，由此看来就不免有些自相矛盾了。一个尊孔的社会，会是一个弃书的社会？一个弃书的社会，果真尊孔？这么一问，也就涉及一个严肃的问题了。我们处在怎样的时代？

按孔夫子当年的标准，天下有道，礼乐征伐自天子出；如果自国君出、自诸侯出，那就是天下无道了。今天当然不必要也不合适再用他的这个标准来判断我们是生活在一个有道的时代还是生活在一个无道的时代。但是，孔夫子揭示的生命逻辑，审慎地去甄别一个时代是有道的还是无道的这一生命逻辑，却是必须遵循的。可惜，今日的尊孔远不是这个意义上对于孔夫子的恭敬和思齐。至于甄别一个时代是有道的还是无道的其标准和尺度何在，不妨另行思量，至少我们知道“礼乐征伐自天子出”的标准是不能用的。但是中国文化实也早已另含了带有普适性的标准，所谓“士志于道”，“君子不器”。这个转型的时代，很像是历史上的那个春秋战国时期。一者，在新旧交替中。新的来而未尽来，旧的去而未尽去。二者，“天下熙熙皆为利来，天下攘攘皆为利往”。以唯利为求、唯器为求概括这个时代的特点，殊为精当、准确。“士志于道”的文化理想，在今天已经基本上失落了。所以有“如今教授不读书”。今日唯利为求和唯器为求到了一个什么样的程度呢？大学有越来越多的人想读，有越来越多的家长愿意为他的孩子接受高等教育付出大量的钱。内里的动因，不过是对知识和教育的工具主义和功利主义。所以这个时代以奔向大学之门表现出来的知识热切，也不过是唯器为求。大学乱象迭起，包括逐利性的民办学院大量出现，公立大学更是依凭自身的教育资源设立营利性的“二级学院”，不正是唯利为求？而在大学里，教学很大程度上已经简约为应试教育了，并且课外充斥着一堆的关于应试技巧的培训。求的是什么呢？求的当然已经不是知识本身了，是知识的最外显的工具价值，而全然把知识的内在价值抛弃了。“大学乱象”之外，复有商业性的培训机构以利润动机不待春风而自生，蔚为大观。

唯利为求、唯器为求的心态，拒绝知识-教育在浸润心灵、充盈精神方面的价值。于是，看起来热热闹闹的、繁荣兴盛的中国高等教育，在今天其实笼罩着一股根本性的反智主义。这一股反智主义不是来自于政治统治，而是来自于世俗功利；不是来自于权力意志强力推行，而是来自于普罗大众主动践行。此恰成“根本的”。

表现为弃书的当代转型中国的反智主义，其文化上的原因，自是“知识社会”对知识与教育的工具主义和功利主义态度。这个方面，是全球性的，是和中国在改革开放之后渐次融入全球体系有关的，即和开放有关。当代中国的反智主义，也和中国自身的改革有关。在改变社会控制方式、承认个人欲望的正当性并提供相应的制度空间后，逐利动机疾速膨胀，逐利行为成为社会成员的普遍和基本的行为形态。物欲横流，不辨是非，远善迁恶，虽非人人如此，这种行止本身却已演绎得淋漓尽致。如果说1978年之前的三十年中国，是泛道德化的时期，那么八十年代后期起，这个社会快速地走上了去道德化的反道德之路。道德生活方面的极端式变化，是这个时代的颠覆式剧变的又一部分。任何一个保留着朴素的道德情感而又肯严肃面对现实的中国人，不免就此再问，这个社会是如何走上反道德之路的？答案也简单。这个时代的社会变迁，最深刻的方面，是从禁欲到纵欲。颠覆式剧变的又一折。

功利、浮躁、奢华、谄媚是这个时代的基本心态，如何容得下沉静读书的心思？哪里顾得上无关物欲的卷辑？

国人魂安何处

在这个新旧交替、颠覆式剧变的社会转型中，凡常之人，如何安身立命？答案自然人言人殊。主张以皈依基督或佛陀而安魂者，为宗教家；认为政治革命或制度完善为安身立命之策者，为政治家。此类答案，各有所据，却无关大学与教育。

冷静地检视与剖析这个时代的普遍社会心理，匡正对于知识与阅读的态度偏差，拒绝反智主义，回归严肃、严谨的阅读，以守护我们的本性、辨析我们的方向，是这个时代所不可缺而又做得到的。

至少对于身处学园中的少年书生而言，是这样的。

墨香文韵，凝神静思

作为纯粹精神活动的阅读

辨析两种阅读

大约有二十年的时间里，薄薄的一册《读书》，是我每月必读的，而且几乎每页皆读。这般出于博览的兴致所带来的知识积累，至今还大受其益；更是通过这一薄册，我可以在自己很缺乏思考能力的时候，跟上这个转型时代的精神脉搏，其强其弱、其疾其徐，大体都感受得，从而真正从精神生活上成为这个时代的一分子。我读得认真、专注，虽未必尽得其字里行间，却也是读、思并行，于作者、编者每每生出感佩之情。这些年，我的读书中，《读书》“淡出”了。不光是因为渐渐地它让我多有失望，还因为这种“独尊”的局面在中国人文化生活中已是大为改观。《中国国家地理》成了我固定阅读的连续出版物。自然，我读这一册更大开本的、极为精美的、主题专一的书，目的、心境是与手握《读书》大有不同的。有时候我拿它做睡前的床头读物，一如餐前的开胃酒。我的心境是闲散的、安适的，几乎不用脑子的。有时候，我拿它做导游书，因了编辑们对山川、风物的介绍，为我的下一次游程预作筹划。心境依然是闲散的、安适的，脑子却得用上了。再有些时候，这一卷在握，不是为了某一天的足履，纯粹就是静室之中端坐神行，开怀不已、酣畅之极。这一番神行，大地在手上，更在心中；这一番神行，那一处处肉身不得至、不易至之处，我灵魂飘然而去；这一番神行，那天宇下带着圣洁、高贵的“通天”之所，我不敢踏足，却可以无尽地呈现我的恭敬之情，遥望、景仰，其至远复至近、虽身外却心中。这般读书，是以一册合了三种情形。

且再将这三合一析分开来。

我们有时候看起来在一种纯形式的、表象的意义上读书，实不足以作为精神活动。读时尚杂志，读流行小说，读明星绯闻，等等，每每能感到愉悦。不过，极浅层的愉悦，感官上的愉悦。有时这样的阅读，都未必带来愉悦，却可以很好地消遣。这一类的阅读，就其性质，是娱乐性阅读。它非常必要，算是休息的一种方式，也算是为生活添点趣味。但是必须明白，一个人这样子读得再多，也不能因此就说是“很有文化”了，顶多是可以拿这些做素材充作谈资、跟上时尚。一个社会如果流行、充斥这样的阅读，是很可悲的。当阅读成为时尚的时候，就是如此的。有一段时间，阅读的时尚是“读图”，有所谓“读图时代”。它十足表明阅读的低俗化、感官化，表明把阅读简约为视觉活动，无关内心。学园之中，更是应该辨析出这种目的、情景的阅读，多所警惕、知所节制。须得声明，不需要也没有理由，反对任何一个学生、任何一个教授及至所有的人，去做这种娱乐性的阅读。我不否认这个阅读的必要。要说的是，其一，阅读不能仅仅是这种娱乐性阅读；其二，不宜把这样一种娱乐性阅读当作真正意义上的，当作和读书人这三个字、和符号象征这个词相关联的那种阅读。

另一类的阅读，是事功性阅读。在这个日常生活与工作都已经高度机器化、技术化、专业化的文明模式中，一个人往往需要不时地读使用说明书或操作指南，以方便和安全地使用一辆汽车、一部相机、一台电脑、一样药品等；或者，为了生活中的特定技能，去读一本菜谱、一本日常保健大全、一本刺绣或毛线“攻略”。这就是事功性阅读，带着直接的、具体的、眼前的目的，为了解决个人行动的有效性问题。这样读着，虽要用了脑子，甚至“大伤脑筋”，却也不过“识字”，未必关乎“断文”，即并不真正是精神性的。这样的阅读，是能够增加一个人的常识和知识的，不过有时也还是只让一个人停留在时尚的层面，消费上的时尚。有一种极其隐蔽的事功性阅读，是需要特别指出的，否则迷于歧途却毫不知觉。今日大学里，应试性读书非常普遍。为就业读公务员考试指南，或者读司法考试的指定用书，或者其他各式各样的“考证”目的的阅读，以及读考研的指定用书，都是应试性读书。看起来，也和掌握专业知识有关，至少结果上是多掌握了专业知识或别的一般性知识。可是，这么读着的时候，掌握知识的目的何在？不过是为了在严峻的生存竞争中获取某种生存优势，内里是缺乏精神性的和超越性的属性的。甚至，一个学生，在一门又一门的课程考试之前，认真地、专注地读教科书，也还是属于应试性读书，属于事功性阅读。比起和“考证”相关的阅读来说，课业之内的应试性读书明显可以让一个学生获得“新知”，归为事功性阅读似有不妥。可是，如果考前读书的目标是课程成绩，由课程成绩而获得学分，以学分的累积而拿到文凭，由文凭这一文化符号标示文化资本，那么就依然只是为了特定的生存优势，就依然只在形下的、直接的、具体的层面对待知识。这样一个看来勤勉的学生，其实并不是为了知识而读书，或者说只是为了知识的实用价值、工具价值而读书。

这两种阅读，娱乐性阅读和事功性阅读，今日以观，不仅不缺，甚至颇为流行。“网读”，我以为大抵上就是这样的。这自然是和网络信息的特性相关联的。不过，这是很不够的。第三类阅读，“作为纯粹精神活动的阅读”，才是严格意义上的“读书”，才是严谨的、关乎内心的、带有神圣性的阅读。我之读《中国国家地理》，既有娱乐性阅读的一面，也有事功性阅读的一面，不过却只是部分的、附带的。我从中感受山川形胜、人文荟萃，新奇、惊讶，畅然、快慰，以满足我的好奇心；我从中了解这个快速转型的国度，她的苍茫大地上所发生的变化，补我阅读和行走的有限，以审视当代中国人的生命形态；一册在手，心驰神往，我借以使一己之微，融契于天地万物、体悟于文明积淀。一书，而三读。

在一篇题为《经典淡出之后的读书人》的小文中，作者特别指出，在中国的文化传统中，所谓读书，不是指那种形而下的、操作性的、技能性的学习过程，而是一种为“无用之用”的活动；其意义与价值，在于提升人的自主性，至少是“抗拒经济力对人的支配”。这该是读书的根本性意义。

作为纯粹精神活动的阅读,所指有三。此三者,分别关联着人—物关系、人—己关系和一己之灵—肉关系。

读以明智

人的精神生活中,对于自然世界或人类社会,总有解惑、去蔽之需要,为此而有求新知之举。若于卷辑之中求新知,即是读以明智。

为明智而读,约略可分了博览性阅读与专业性阅读两端。大学期间,课业分了学科、专业。在专业范围内的阅读,读的是专门性的知识或理论;在专业范围之外,读的是一般性的、普遍性的知识或理论。当然,一门学科之内,也还是相对地分了一般性知识和专门性知识的。例如,医学院之中,病理学就该算是一般性知识,外科、内科、儿科的该算是专门性知识;法学院之中,法史学自是一般性知识,含了民法、刑法、诉讼法诸般知识,更含了人类法律文化演进这样的一般性知识,而专设的民法、刑法、诉讼法这些课程,就明显属于专门性知识了。在分了专业性阅读和博览性阅读后,这二者间须得有所兼顾,也算是一个老话题了。实际情形则可能是,博览性阅读的分量越来越少了。先前言"如今学生不读书",尤其是指这博览性阅读一面。其因由,至少是和专业约束有关。其结果,自然就是学生们专业素养或许不差,思考能力却反而随阅读量降低了。

又有必要将阅读再分了储备性阅读与问题性阅读两端。清楚地知道惑之所在,求读而释之,有很直接的针对性,这是问题性阅读。收效也常常很容易检验、判断。解了惑,是读得了明白,心有所欢;惑而未解,甚至愈加疑惑,不免有"白读"之感,生出怅然之情。严格说来,未必真就是白读了。只要读得认真,不是浮光掠影、走马观花、蜻蜓点水,纵然一时半刻不得明白,也还是有益的。今日之不曾明白,未始不是为明日之明白预为铺垫。这样,就把这"未遂"之问题性阅读,转成为储备性阅读了,或称为积累性阅读。不求眼下之解惑、去蔽,只向着未知的领域,增长了知识,开阔了视野,是纯粹的求新知。有"用"否?来日再见分晓好了。这般的“漫无目的”之阅读，直如春暖花开时节，信步在乡野、山丘，每一眼都是灿烂、明媚的，每一处无不美轮美奂的，怡然、安适、舒畅、陶醉，心神阔宽。那种妙趣，是完全可以媲美于九寨水、武陵峰、长城峻、丹霞艳的。

不过，几乎所有的美景，都需要劳力的，甚至带上心力。要不为什么早就说“家门口无风景”？总得有那行走的劳累、跋涉的艰辛，才可“拥美在怀”。求知、明智，自也少不得相应的劳累、艰辛。所谓求新知，实在是把既有的智识着落于一处本是陌生之所，以智识上的努力将这陌生之所变成熟悉的。熟门熟路地走着，那叫驾轻就熟，几乎不费力；陌路行走，辨方向、识路径、避岔道，时时需要返回来以矫枉，不免就多费了力气，甚至要劳神。劳神之后，陌路才可能变坦途。读书恰是如此。想轻松、省事，那是奢求了。不是说轻松省事地得新知不好，而是说事理上不可能。此其一。其二，知识是人类对客观世界的符号化，客观世界由此脱离了它的具象的、实在的形态，转而呈现出符号形态。如此，求新知的过程，就注定是一个面对一堆陌生“代码”的过程。这些代码，所谓的专业语言，和日常语言是大不相同的，理解和掌握一套独特的专业语言也确实是一个艰辛的过程。设想，一个法学教授看着药品说明书，面对医学术语他是“很无力”的；而一个医学教授，面对法典，他同样“很无力”。这种情形，叫语言压迫。求新知的过程，不可避免这样的语言压迫。渐进的学习过程，正是获得对抗语言压迫的能力—智识的过程。这个过程，注定是要有的，其间也注定是劳累、艰辛的。其三，人类的知识体系，并不是简单地、对应性地以符码再现客观世界，而是对具体的、丰富的、繁杂的客观世界加以归纳、概括、抽象，是揭示经验和常识背后的逻辑关系。于是，求新知的过程，就变成了面对一个抽象、枯燥、隐晦的世界的过程，而人在天性上是排斥抽象、枯燥、隐晦的。由此所带来的艰辛甚至煎熬，每每就觉得是难以承受的。手上这一册书，快要变成烫手山芋了，必欲弃之而后快。如果不肯克服这样的困难，只求痛快地把“烫手山芋”一扔了之，新知又从何而来？其四，百年中国文化转型，绝经学就科学，毁书院兴学堂，文化传承几近断裂，西学东渐蔚为大观。今日总体而言为舶来的知识—理论体系，内含的分析、实证的思维方式是西式的，其语言载体也是西方的。一个中国人，很难依凭他自己的文化传承，以习得、掌握这一套关于客观世界的符号体系，不论自然科学还是人文社会科学。星空下，肤黄发黑的这一族少年书生，其为学之难，除了常识与逻辑的差异、日常语言与专业语言的鸿沟，竟然更有文化的位移甚至错位。天生我辈于此大变局中，劳筋骨、苦心智，舍我其谁？克艰辛、历磨难，吾亦往矣！

就当求知上行走的劳累、跋涉的艰辛，是生命的蜕变吧。惟此蜕变，而得新知；正是新知，而成新生。一日化蛹为蝶，那是另一番生命意象。

读以明理

人是评价性动物。从日常交往到社会秩序，都涉及评价。或言是非善恶，或言公平效率，或言有序无序等，是做出具体的评价；在抽象的方面，则是辨识从个人行为到政治统治是否具备正当性，涉及行动的依据、目标和方式。评价自需要相应的理据。这理，常常在习俗、惯例、公理中，往往不待学而能自明。不过，这不学自明之理，终有不足，甚至大有不足。一者，这些理据不足以涵盖全部的评价对象；二者，人类行动的评价标准永远在流变中，这些理据固有其滞后性。于是人尚待学而后明理。

评价作为一种精神活动，评价者有两种不同的视角。或从一己立场出发，评断他人行止、政治秩序；或越过一己立场，以大视野和大胸襟而评断他人行止与政治秩序。如果一个学生，看到他人考试作弊，很以为这作弊之举会妨碍自己的成绩排名，进而影响到奖学金、保送研究生的机会，由此愤恨，那是只从一己利害出发；或以为只要自己过得了考试，他人作弊与否并无所谓，也是只从一己利害出发，所谓“事不关己，高高挂起”。这两种态度，都算是弃了学生的本分。如果一个学生，看到他人考试作弊，虽然完全无关自己之利害、得失，也以为那是坏了规矩、玷污了学堂风气，从而以适合的方式有所干预，至少内心里存了不满和抗议，那是他越过了一己立场的狭隘和局限。所着意的，已是事情本身的是非。如果他还意识到，今日课堂中的考试作弊，更有可能累积小恶而成明日整个社会的不良之风、不平之举，那是虑之长远了。如此，他就是以大视野、大胸襟来看待一人、一事。这样的思考和评判，既不为微观和具体所羁绊，又可能避免只在“大”处着眼的空洞、模糊。

严格地说，一个只从一己得失利害以评价人、事者，所做的不过功利性衡量，不足以作为人的精神生活的一部分。这就如同娱乐性阅读和事功性阅读，其实无关人的精神活动一般。一个超越了一己利益之狭隘和局限性的人，他能够整体地关切自己所置身其中的这个社会，能够整体性地关切自己所属的叫人类的这个物种，并且深刻地关注这个社会的现实和它的终极走向。这样的一个生命个体，他既有现实的社会关怀，又有终极价值追问。所谓现实的社会关怀，是反思和批判既存的社会制度和现实秩序，以及在此社会制度和现实秩序中所发生的各种事件。通过反思和批判，以检验现实制度与秩序是否合理。这个不完美的凡俗世界，总是现实地掺杂着合理和不合理。这需要冷静、审慎的辨析，明了何处、何以不合理，探寻救济、矫治之策。纵然认定现实制度和制度是合理的，也还是不宜省却反思和批判。陈独秀曾相当精辟地指出，如果我们期望明天的政府和法律能比今天的好，我们就需要自由地批评今天的政府和法律。所谓的终极价值追问，是对整个人类或特定社会的未来有所思考，设想一种有别于当下生活的可能生活。这种可能生活不尽然是宗教意义上的彼岸世界，它是对现实生活的超越，是对理想生活的追寻。

冷静、审慎的现实关怀，不是牢骚、抱怨，更不是指责、谩骂；悲天悯人的终极追问，不是胡思乱想，更不是装神弄鬼。所有的现实关怀和终极追问，都基于特定的文化理想。评断现实，畅想未来，正是以这样的文化理想为理据。在人类既有的精神世界中，有许多伟大的人，他们或者是宗教家，佛陀、耶稣、穆罕默德等，或者是思想家，孔子、柏拉图、亚里士多德等。他们为人类所做出的卓越贡献，不在于构造了知识体系，而在于提出人类的文化理想，而使得我们可能一代代地从中汲取营养，以之来观照、批判我们今天的现实和思索未来的行走方向。他们所构造的非知识性的观念体系，不解决现实生活的有效性问题，却直指生活世界的正当性。经典之外，每一个时代，也总有那些敏察审思者，他们续上了由佛陀们和孔子们所原创和传承的精神血脉和文化气息，勾连了特定时代和具体社会的实际问题，富有针对性地指陈、剖析，使每一代人具有自己的精神气质，并由此成了人类精神生活史的绵续。在当代中国，顾准就是这样的一个为二十世纪后半叶的中国挽回思想尊严的知识分子。秋风中的一次课间，我偶遇有个同学在读《顾准文集》。这一番情景，让我无比欣然。我眼见，我座前学生，“为思想而阅读”。

在我们严肃地阅读的时候，在我们严肃地思考为什么读和读什么的时候，不时地提示一下，我们还需要越过知识和见识层面的目的，去追寻我们的文化理想。借此追寻，一己生命虽然轻微，却可能融汇于人类悠远、深沉的精神生活中；借此追寻，一己生命即使艰难，却可能安顿于人类丰富、博大的精神世界中。在追寻文化理想的阅读中，企盼我们内心的辽阔、灵魂的纯净、精神的充盈。惟其如此，我们才可能因阅读而得深深的浸润和滋养。

读以明心

退一步说，一个人不想有那大视野、大胸襟以整体性地关切社会与人类，他只愿意在个人生活中安适、怡然，别人自须就此多所尊重，不得干预，更不得指责。纵然只为个人生活中的安适、怡然，相应的阅读也是必要的。中国式的生命理解中所包含的“耕读传家”，已算是指明了这一点。且另行说开。

个人生活中的安适、怡然，直观的和直接的层面说，叫自得其乐；其内里深处，该是一己生命之尊严与神圣，免于外来的侵蚀、欺凌，至少于外来的侵蚀、欺凌能够有所抗拒。唯有基于内心的纯净与澄明，依凭内心的充盈与强大，任何一个人，才能够企盼生命内在的和内生的快乐与高贵。缺了这样的心灵状态，纵然也有生命的快乐与高贵，也不过是外缘性的，依赖于财富、权势、声名而来的，既不可靠，也未必真切。那是生命在自我麻醉之下，再以财富、权势或声名来进一步麻醉，或装腔作势。物欲横流的时代，这般醉生梦死的生命形态，实在很有诱惑性。真正的生命尊严，却是需要以内心的纯净与澄明，抵御物质的或物质性的诱惑、纷扰，所谓富贵不能淫；需要以内心的充盈与强大，对抗外力的欺凌、践踏，所谓威武不能屈。

有一些人，带有生性上的质朴，不贪婪奢靡，能知足常乐，内心里就已少了杂质，像是天然可以抵御各式各样的诱惑、不受纷扰。若有一比，则如山间涓流，清澈地流淌着，却也静默。另一些人，大抵本也有这生性上的质朴，却在奔向大千世界的生命流动中添上了杂质，变得欲念杂多、索求无度，失了抵御物质性诱惑所需的纯净与澄明。此如河流，带了泥沙而混浊，失了审美的意象，也失了滋养生命的能量。只在一番沉淀、过滤后，“去芜存菁”，回复美态与生机。读书的过程，正是一番沉淀的过程。读得静心、专注，即是沉淀得透彻，内心里得以清、浊有分，也就是善、恶有别，是、非有异。书中的字里行间，正是一道道滤网。读得深入、往复，即是一遍一遍地滤去内心里的杂质。这样读书，其意义，远非娱乐性阅读和事功性阅读所能比，也要比为解惑、去蔽的求新知的阅读，对于生命尊严而言更为紧要。或者说，如此阅读，虽非在智识上解惑、去蔽，毋宁是在心灵上解惑、去蔽。“心惑”不除，纵然解了“智障”，何益？

天性良善之人，又往往不免内心偏于软弱。于外界的诱惑、纷扰，固然足以抵御，不为所动，可是眼见邪恶、暴行于前，不论是否关乎一己之利害，或不能抗拒，或不能淡然。所谓不能抗拒，是明知不合理、不正义，却只得逆来顺受、一味屈从，不敢、无力按自己认为对的从容行事。所谓不能淡然，是眼见邪恶、暴行只剩激愤、哀怨，几如“光棍眼里容不下沙子”，不知道这不完美的凡俗世界时时会有“沙子”，更不知道这独特的千年变局中甚至是“泥沙俱下”，无法平静、坦然面对“风沙袭面”的生命境遇。这是“心力”不足。内心的充盈与强大，可使一个人得以对抗暴行，即便尚不足以对抗暴行，也是可以淡然于世间的诸般行径。所谓淡然于世间诸般行径，是知道其自有因由，在凡常生活之中无法奢求根绝之；但求一己所为，不仅不作恶，也不为虎作伥，而是力尽本分，以守护一己本分而将内心朴素的人类情感、敬畏之意呈现于芸芸众生。若想面对恶行不惊慌、不失措，即使不足以行侠仗义，也还能不同流合污，而依然可以从容地应对、高贵地行走，阅读就如同习练“内功心法”般，可借以提升了“内力”。人类文明累积千百年，在宗教、哲学、科学、艺术诸领域，都含了这可以提升“内力”的“内功心法”。静心、凝神，不难“内息相通”，“周天自行”。遥想孔夫子当年，“诗既亡，春秋作；寓褒贬，别善恶”，正是为了在“礼崩乐坏”的大变局中续作“内功心法”的。班达揭示知识分子和人类文明之间的关系，非常精彩。此处恰可借以清晰说明，由人类在宗教的、哲学的、科学的和艺术的诸领域的精神活动，个人性的阅读，如何可以“修习内功”：“他们的活动仍然是理论的；他们也没有阻止住世俗大众让全部历史充满了仇恨和杀戮，但是他们制止了这些世俗大众形成崇尚仇恨和杀戮的宗教以及因美化它们而具有的成就感。我们可以说，正是由于有了他们，在两千年里，人类虽然行恶，但是崇善。这一矛盾是人类的荣耀。人类文明正是在这一矛盾所造成的夹缝中发展出来的”。

一个关切与追问现实生活与终极价值的人，他在外向的反思、批判的同时，也一定是一个愿意向内自我反思与批判的。这外向与内向的反思、批判，是严肃、审慎的生命的一体两面。古人说的不愧屋漏、说的慎独，即此；所说达则兼济天下，穷则独善其身，亦此。一个只知、惟肯面向社会现实以反思、批判者，往往容易激越而“走火入魔”，演绎的不过是“知识分子变身为革命家”的逻辑，是徒恃真理而导向暴力。于人类生活，未必真正有益。在严肃、审慎地自我反思与批判的基础上，关切与追问现实世界的善与恶，才有可能对暴力与暴政深刻警惕。如果说，外向的反思、批判端赖“读以明理”“为思想而阅读”，那么，内向的反思、批判则不可缺了“读以明心”，即“为心灵而阅读”。

读以明心，“明心见性”，方可守护我们的本性，不迷失生命的方向。

凝神静思以读

阅读非为肉身之举，也不是视觉活动。阅读是精神的行走，甚至是精神的畅游。其时间，由远古而迄今，由当下而未来，可以无始无终；其空间，五大洲四大洋，上天文下地理，可以无远弗届。明之一字，明智、明理、明心，正是精神上的动。阅读，不独精神之动，也是精神之静，是动静相合；且惟以其静，始能有动，是静而后动。只因，阅读之动，是无形之动。故而，非凝神静思，不成读。

读与静之间的关系，即静读，朱熹曾主张，“学者半日静坐，半日静读”；梁启超以为，“今日静坐一二小时……他日一切成就，皆基于此”。此中道理，是由静坐而静心，以静心而读，为静读。庄子有言，“嗜欲深，天机浅；静悟，见天机”，最是道出了凝神静思以读。今日之人，就算是肯读的，却也少有肯这般以凝与静而读的。多的，是囫囵吞枣、浅尝辄止，直把读书简约为感官活动了，不花心思，不用精神。庄子言天机，或许今人看来玄妙了些，另行说说这静读二字吧。

认真、谨严之读，分了三个层面。其一，了解作者字面上的意思，可称为读懂。一册之中，这又分了诸项。第一，作者的意思所在，包括了总论点、分论点。很多人在这个层面，就以为自己已经读懂了、读够了，不再进一步读、思。第二，作者由以支撑大小论点的论据。这一层，不光是哪些论据这样的问题要读得清楚，还要识得每一论据与相关论点之间在逻辑上的关联。这一步，算是“消化、咀嚼”了。第三，诸论据之间的关系。读、思到了这一层，很不容易了。这一层就进入了发现作者可能有的问题、辨察其或疏或密的阶段了。若说读、思的过程就是与作者对话的过程，这个时候，对话在静默中进行。第四，勘察作者的谋篇布局。一个话题，同样材料，可以不同地组织、编排的。这就如登山，不同之人，或考虑脚力，或出于情趣，必寻了不同路径。作者行文中如何起承转合的，细加辨析，可知其匠心独运而峰回路转，可明其娓娓道来却静水深流。就当这是手中握卷的四个步骤吧。这之后，尚得掩卷，深思。所思有二。一者，书中的论点论据、谋篇布局，自己生出异议了吗？若有异议，又何所据？既有异议，且当作者谬误，则如何勘其误而成己见？此处最体现"学而不思则罔"。二者，纵然一己学力所限，尚缺火眼金睛辨察作者谬误，无妨，且当作者果真字字珠玑，则相问于己，以手中之卷为基石，可否由以新生识见？此处即是"登高望远"。

借个比喻。一栋楼，先知它的体量、形状、周遭环境，再了解它的楼层、房间、功能，进而掌握它的供电、照明、给水、排水、安全、通风、采光、通行诸项，然后看看它的各个部分相互之间的关系，是否完全协调、兼容的，还是存有别扭处。若发现不了问题，那就登上屋顶，由此看去，定然可以看得此前不得见之景象。这新见景象，就是你由这楼宇所得收获。在见着新景象时，再留意一下，你从哪个方位看去的新景象，所谓四面八方中的哪一面哪一方？若有他人也上了楼顶，声言所见与你不同，孰是孰非？也许不过所见方位不同，未必是相互间眼力有异。

其二，辨析字里行间的"弦外之音"。此为读深。一栋楼，远非钢筋水泥、金石土木这些物质层面的东西，也不止于商场、礼堂这些功能性的方面。有时，是可以遇着一栋楼，它是含了建筑师的独特的设计思想、建筑风格在内的。一本书，字里行间另存了弦外之音，也是如此。或者，作者有力透纸背之功夫。读书的人，对于这弦外之音、纸背之力，如何品得、识得？那"春秋笔法"，正是这般的弦外之音、纸背之力，千百年来为经典、作垂范。惟有聚精会神、深思明辨，方可能"食髓知味"，否则快是"暴殄天物"了。

这和书面符号的特点相关。言说为水，是听觉符号和时间符号，是流动的；文字如山，是视觉符号和空间符号。陆机言"思风发于胸臆，言泉流于唇齿"，大抵也是这样的意思。文章或书籍一旦作成，则是静止的。反正，"作者死了"。

读者于此静止之文，可以凝视，可以往返流连。于是之故，作者可曲笔以深意，古人谓为“识高则文淡，意远则笔减”。此如山之可以一登而再，有心者必每生新鲜之感；如深山之中可以藏瑰宝，有心者必以艰辛、曲折往谒之。山还是那山，端看登山之人的心境、情趣、毅力。

传说中仓颉造字鬼神泣。且解做书面符号可以使人具有某种神性的能力。读书读到流连忘返、不漏弦歌雅意的程度，才算是触及了书面符号所含的神性能力，也才堪称阅读为纯粹精神性活动。

其三，感悟作者的观点、逻辑背后所深藏的内心，他的立场、态度、情感。此为读透。建筑不光是有形的、实用的，更是生命态度的表达和体现。福建土楼，作为民居表达了特定的生命理解；京中天坛，作为官方建筑表达的是天人关系，也不脱生命理解。一个严肃、严谨地写作，以对读者和人类怀恭敬之心的作者，他实在是在表达他对生命的立场、态度和情感。他的写作，远远越过了运笔落纸之器物层面，是他的心在写作、在舒展、在铺陈、在律动。所谓心领神会，便是读者对于作者文字之中之心思，有所感悟、有所融契。这个时候，观点是否同意、逻辑是否严谨、材料是否得当，已经不那么重要了。因为，答案常常只有相对的、有限的意义，那一通心意，那一番用情，最是珍贵。这一个有血有肉的作者，他的生命的独特、情怀的深沉、心胸的博大、灵魂的高贵，在我们遇着他的文字时，如何能错过？为何肯错过？

孟子有言，读其文、诵其诗，不知其人可乎？其意，正是读者与作者之心意相通。

何止言写作是心灵之律动，阅读同是心灵之律动。由此律动，文字通连了心灵，心灵互相感应、融契，无怪乎鬼神为之泣。

无字地书，眼行心读

生命个体之漂移时代的阅读观

古来所言，读万卷书、行万里路，今人是知道的。不过知道是一回事，理解上是否得当，两说；到了行动层面，是否肯相应去做，更是两说；有肯“万里”行路之人，怎样行走，也定然有不同看法。

所谓读万卷书、行万里路，讲的是生命形态，是对生命的理解。惟将这读书、行路两合了，生命方显得丰富、饱满。我以之为腹有经纶、胸怀河山。可是，若以为书归书、路归路，行路并非读书，却又割裂了经纶与河山，纵然读了书、行着路，也不能真的充实了一己生命。读而不行，纸上得来终觉浅。行路毋宁是读书的继续，一步复一步中将那一字又一字的发酵了、裂变了。行而无读，不免失了眼力、情怀，虽然路途迢迢，也不过猎奇般的浮光掠影，河山最多眼见，难以“胸怀”。行路须以读书为依凭，书是“路书”，否则实如盲行瞎走。读书即是行走，先是纸上神行，继以足下健步；行路实乃阅读，既是读山川为墨、大地作纸的有形无字地书，也是将腹中卷辑融入阔阔大地，以咀嚼、品鉴，以参验、辉映。

今人大抵也容易认为，古人般的行走，双足丈量大地，栉风沐雨，龟步蜗行，在今日的生活节奏、交通方式、道路形态中已经不可能了。话是不错，却也未必就对了。因为今人有今人的行走，叫以眼行走。

多年前有一本书，《为什么我们越来越快》，很契合我对当代文明模式中生命个体的存在形态的判断。这是一个生命个体的漂移时代，生命由以呈现出漂移形态。随着分工和流动性加剧，也随着交通和通信技术的发展，个体总在移动甚至闪动中。交通和通信技术应和了移动的需要,并对移动起了推波助澜的作用,到了闪动的地步。不论宏观层面还是微观层面的新技术、新工具,总是为了让人们更方便、更快捷地移动。电话要移动,电脑要移动,再把移动的电话和电脑合一;邮件电子化让“寄信”更方便,使得过去的文化中颇带有“神使”意味的信使不复存在,代替了人的实体地址的虚拟空间中的地址具有全球移动的功能,技术的能力让一个人几乎可以把珠峰之巅当作自己的地址,虚拟地址;就算还有邮递,也必得是快递,才有市场,要人等待、考验人的耐心,万万不能;汽车、火车、飞机的速度也是越来越快,而电脑和这些移动工具的结合也越来越密切,同时使用两种工具的场景非常普遍,这是肉身的闪动和信息的闪动最大化聚合。诸般情形,抽象以观,人的行动与存在,少了一个环节,过程。人们压缩、简约、丢弃过程,否认过程的价值和意义,否认过程的必要和必然,直奔结果和目的而去。出行,点到点,中间的时间要最小化,小不了则非常无奈,无奈中要打发、消遣,各种各样工具性的视听随之而来。如此简约、丢弃过程,其实是简约、丢弃了生命本身,至少是在简约、丢弃过程时把生命物化了。

提倡一种以眼行走的生命形态,殊为必要,在其中融入回归过程、从过程中获得意义的生命理解和生命态度。求学的路上、出差的途中,身处车厢内、机舱里,且把上天赐予的双眼,越过窗户,看向窗外,不只是为了窗外可能的美景、风情,更是为了在双眼越向窗外时,内心敞开了,通连了浩渺的天宇、天宇下的大地、大地上的万物。这个时候,双眼才真正作了心灵的窗户。开了这窗,行走才不是简约了过程的肉身位移,而是心灵的感受、体悟。“在路上”,就不再是工具和手段,而是意义和目的本身;在路上,就不会只是急切、焦躁,而是沉静、安然,才愿意凝视也可能凝视。生命的丰富、饱满,渐渐相随而来。有一次,我从西安开完学术会议,转向成都参与四川大学承办的中华名辩盟第九届国际辩论赛。我没有按通常的方式,以飞机飞越秦岭而落天府之国。我“很奢侈”地用了十三个小时,坐火车,早上七点离开西安,晚八点到达成都。一路看向窗外,从陇海铁路转向宝成铁路。少年时从中学地理教科书上就知道了这么两条铁路,这一下是自己“走”了这纸上得来的路,符号转向实在。之后,途经“铁马秋风大散关”中的古来秦川四大关之一的散关,饱览秦岭秋色之斑斓妖艳,亲历中国南北分界线之秦岭北侧和秦岭南坡在自然和人文上的不同,感受着火车攀上秦岭再溜下来,享受嘉陵江峡谷里蛇行的火车与江水“并流”,在明月峡中遥看古栈道遗址。这一路南来又正经过“5·12大地震”的主震区,车行之中对震后重建也有了些感官上的体会。若非我舍了便捷的飞机,我就失了这一番以眼行走,从秦川越秦岭;不这么翻越秦岭,那川陕间“蜀道难难于上青天”之叹,半点感同身受都不能。

这是把求学和工作与游历相勾连了,将游历注入求学路上、出差途中,将肉身的漂移与心神的凝视、体验相融贯。一日攒下了银两、腾出了时间,专门动身上路去旅游,更不可眼中只有“目的地”,全丢弃了途中的风景。行走,是一条线,实线。把行走变成两点之间,虚线相连,就不免单薄、空泛了。这就像读书只顾结论,于论据、材料、逻辑、谋篇布局全然不知,却自以为读懂了。在把读书当作时尚和消费的时候,情形不免如此。时下的旅游也恰是时尚与消费,猎奇与炫耀,失了心境,少了情怀,再不能以行走而汲取天地精气为生命之涵养。此所以申言“个体生命漂移时代的阅读观”。

山川为墨、大地做纸,以眼行走,为无字地书之阅读,直观上说,这是在空间经纬上的行走,其精要尚远不止于此。有一次,给从广东来厦门大学的一批检察官讲课。他们从广东先去了武夷山,再到厦门,三五天的短训。上课那天,我说,从武夷山到厦门,空间上是从闽北到闽南,山川形胜不同;时间上却更具有意蕴,文化内涵有别,那是从悠远的福建文明始源之地到了因鸦片战争而开埠的厦门,是从福建的古代到了福建的现代。空间上的位移,同时是时间上的流动。“行走在时间之轴上”。自然与历史,地理与人文,两种维度交汇、相融。每一次的行走,就都是在空间经纬与时间之轴上的并行。有一次,我舍下从哈尔滨到北京的飞机，以火车贴地而行，再专门往山海关。当时本意是领略山海关关城，体会那“天下第一关”的雄浑与轩昂，以及老龙头处城墙与海洋的接壤、融通。后来竟然无意中去了九门口长城，少有人知却也因其筑造于河流之上、据河成险而名列世界文化遗产的一处长城关隘。在这个地方登上长城，全然不同于八达岭、居庸关的长城。我一直向往的那种未经今人维修的、带着风霜的、显出坍塌的长城，终于偶遇了。同样意外的是，到了地头上才知道，历史上著名的一片石大战，李自成与吴三桂之战，就是在我登临的这一段长城所处的区域的。战败的闯王之后是节节败退，不仅自己的身后留下了不解之谜，这一片石大战更是与后来的中国历史大有关联。我知道，这个时候，我已经不期然前行了数百年，那场本于我极抽象的血战，变得就在我眼前、在我脚下了。这一次时间之轴上的行走，走得不久远，只大约四百年，也只走到了一次具体的血战中，再回望后来的中国历史进程。一个中国人，他可以在时间之轴上走多远呢？在河南博物馆，我意识到，“我活了五千年”。纵然，我真切地知道，我的生命只有几十年，不过这是就肉身说的。在精神的、文化的意义上，我这个中国人，自豪于、欣然于我肉身上五千年的生命。若说空间维度上的行走，带给人视野的开阔，那么时间维度上的行走，那是精神上的伸展、绵延，复由此精神上的伸展、绵延而获得心灵上的充盈、丰富、饱满、坚实。

我再问，这山川为墨、大地作纸的无字地书，眼行心读中，还能读得出怎样的意趣？又该读出来怎样的意趣？

也是在河南，我才意识到，一个对于中国人来说完全不是问题的问题，其实也还是有问题的，或者说也还是可以成为问题的。何处是中国？我后来回答这个问题：原本和原初意义上的中国在河南。考古学家以《最早的中国》，认为二里头文化所处的洛阳盆地乃至中原地区，就是最早的中国。也有人认为，最早的中国在晋南，依据是《史记》中的“尧都平阳”“舜都蒲坂”和“禹都安邑”都在今日的晋南。不论何种观点，自然都需要极专业和极严谨的论证，分歧也难免。

我试着想，一个普通中国人，按照他所拥有的常识，会如何回答这个问题？常识上人们知道，东西走向的秦岭和东流入海的淮河，是中国的自然和地理意义上的南北分界线。一般也知道，中国的东部和西部大抵是太行山分了的。这样就出来一个很有趣的问题了，分了南北的秦岭和分了东西的太行，相交接吗？在何处？正在河南洛阳—嵩山一带。这无怪乎周人以这一带为“天地之中”，遂使嵩山得以名列世界文化遗产地。若说今日中国的大地原点在陕西，那是后世中国版图扩大之后所厘定的，并不改变早期中国人观念里“天地之中”之所在。中国古代都城最密集处，是西起洛阳东至开封中间还有郑州的这一线，其南有许昌，北有安阳。文化上，也正是在秦岭、太行交汇的这一带，不仅有确切可考的偃师二里头文化，更有“河出图，洛出书”之说流传，而后有伏羲据图、书推演八卦，有文王作《周易》而儒、道两家同奉为经典。为了我对“何处是中国”的回答，我特意计划了一次行走。在从郑州东行开封后，从开封汽车西南方向往南阳，拜谒了百科全书式的张衡之墓后，从南阳以火车西北向穿越秦岭至西安，再由西安以郑西高铁途经洛阳、嵩山返回郑州。这一趟“三角之行”，圈了这我以为的“中国”。

称河南为“中原”者，直似早含了“原本和原初意义上的中国在河南”之意，以明其为中国文化之中心，后世则渐次向“化外”与“蛮荒”之地扩展开来，而可相应分了核心与边缘。我为闽人。福建恰是长期为蛮荒之地，闽南尤其如此。由是以观，则易于解释当下之情形、格局。近两百年，中华历大变局，又一次面对“西法东传”，不同处则是枪炮轰鸣相伴。这文化冲撞中的文化转型，自然是已经定型的文化格局中的边缘地带转得容易、快捷，核心地带要迟缓、滞后。此所以今日沿海之“发达”“先进”。正如一个大家族，为因应外来变数，总是其中的年轻一辈变得快，能适应“新形势”，老者殊不易变，惟其“家族气质”深厚。试问今日华夏，是沿海地带变得快更能贡献于这泱泱古国，还是中原地区在“迟缓”中守护了文化传承更能贡献于这泱泱古国？谁能轻易出言作答？

万里行路于空间经纬，就一个中国人而言，一生之中，最不宜少的，是东经一百一十六度，北纬三十五度。从古都北京南下，至泰山，复至曲阜，何所见也？京城之中，故宫太和殿、天坛祈年殿，分别将政治结构和天人关系以物化形态气势恢宏、美轮美奂以呈现。泰山脚下、东岳庙里，天贶殿以约两千年的历史年轮，记述华夏文明中的天人观。鲁国故城、孔庙之中，大成殿演绎“祀孔如祀天”，以“一孔”而窥华夏文明中政治与文化的交错、有效性与正当性的缠结这样的宏大问题。钱穆曾言，孔子集此前两千五百年中国文化之成，开其后两千五百年中国文化之流。大成殿、天贶殿、太和殿、祈年殿，东方四大殿，卓立于东经一百一十六度。经上流连，读的，不就是两千五百年中国人的精神生活史？且从曲阜西行。在大致同一纬线上，可到开封、郑州、偃师、洛阳、西安、咸阳。从咸阳再往西一些即是当年“凤鸣岐山”的今日宝鸡，洛阳左近有“天地之中”的嵩山和河出图、洛出书之地，黄帝蚩尤之征战处也并不远。这北纬三十五度线，不仅齐整地摆开了华夏古都城，也系着华夏文明中的重大事件与进程。纬上漫步，读的，不就是五千年中国文化的缘起、流变、兴衰、浴火？

这样的行走，行走中的阅读，能养成中国人的文化自觉吧？以此文化自觉，可免于百年屈辱所造成的文化自卑，以冲刷了文化自卑的从容、自信，守护中国文化的独特性，以中国文化的独特性，贡献于“后西方时代”的人类文明再造。这个时代，少年书生，怎可少了这样的识见、情怀、胸襟？

不过，还不够。因了历史，回望华夏；为了现实，注目当下。这几年，我着意在华夏大地上感受这五千年古国，在百年迅疾的现代化转型中，她的文化传承所遭遇的挤压、挤压下的残存。在荆州古城的陋巷里、城门下，寒夜冬雨中我就是带着这样的心境走读的。在古称戎州的今日酒城宜宾，我费了很大劲才在秋雨中找到一条老街巷，得识戎州城中旧时景。在快速变成千城一面的这二三十年里，任何一处的“城中旧时景”，都具有其独特的符号价值，可要寻觅、辨识，不容易。我还想从金沙江和岷江交汇成长江而尊享“万里长江第一城”美誉的宜宾，顺长江东去泸州，再下重庆。几番求证，确知宜宾的水上客运已经停歇，代以高速公路了。更早些时候，想从安庆上溯九江，也是未果。舟行客远的衰微近于绝迹，纵然母亲河长江也不例外。这样的事实，让我惊问，文明至此，从逐水而居变为弃水而行，是堪称进步还是生命反叛了原初的形态与意蕴？这个时代，可以在不审思、不辨察下一味这么变化、转型吗？在古城赣州，两向而来的贡江和章江汇合成赣江，北向流入长江。那一日，面对滔滔北去的赣江，背后是宋代所筑赣州城墙，猛然惊觉，后来写有小文“八境台前惊河殇”。以这些年的行走、留意，识得今日“河有六殇”。其为河失其形，河失其流；河失其清，河失其丰；河失其载，河失其养。此六殇，从自然到审美到德性，从江河之自在秉性到天人和合，概括无遗。河之殇，人之病。河有六殇，人有几病？

平遥在列入世界文化遗产后，不例外地也是游人如织。我凑热闹般这么去了。都知道，日升昌票号所代表的是中国文化体系中内生的金融机制，却在 20 世纪 40 年代不敌西方金融体系的力量，彻底退出了历史，留下个遗址供今日或猎奇或凭吊。比起来，多少算是有幸了，毕竟还是能够“雁过留声”的，拜了“世界文化遗产”这块招牌之赐。武夷山北坡，鹅湖山下鹅湖寺，遥想当年朱熹健步越武夷，鹅湖会象山，辨学问道。朱、陆后学于无尽景仰、追慕中，就着“鹅湖之会”旧址，办了鹅湖书院，一时兴盛。在西学东渐后的半个世纪时间里，鹅湖书院有过向新式学堂的变身，一直到了五十年代后期都还是当地举办的农业学校所在。之后就不闻书声、不见书影了，成了又一处可以圈起来卖门票的文化遗址。这中国思想史上少有甚至唯一一次辩论学问方法的文化遗址，清冷、落寞于闽赣之交。我两次往谒，或专程或顺道。在明正德年间所立“斯文宗主”坊下，空灵、古雅的意象里，凭吊中思绪缓缓蹦出几个字来。“百年中国，分崩离析”。2011 年 9 月 10 日，我用一种略显特别的方式来过通常是不过的“节”。我专程往距离厦门有两百五十公里的一处叫四堡的地方。这偏僻之所，几百年来却非常著名。它与北京、扬州、杭州并列为中国明清时期的四大雕版印刷中心。在手工造纸的时代,闽西北的这个区域,是盛产以竹子为原料的竹纸的,其上品称玉扣纸。四堡所印刷的书籍,北上经赣州进入长江流域甚至更远,南向由汀江入韩江而影响及于两广甚至海外。要说这曾经是具有世界性影响的印刷中心,不算过于夸张。今日的四堡,除了逼仄、简陋的雕版印刷博物馆外,它历史上的辉煌几乎都不留痕迹了。它已无书可印,它在全新的印刷技术面前已经再无力印书;当年的雕版、各式印刷工具、无数卷辑,在火光中灰飞烟灭;就算有心建起雕版印刷博物馆,也只区区小屋,完全不匹配这旧日文昌之地。百年中国,从手工而机械,从机械化而自动化,既有的文明模式和生命形态,分崩离析于瞬间。

面对分崩离析的百年中国,是否容易认为张光直所断言的中国历史所具有的非技术性的、连续性的、渐进性的特点已经不再,中国历史进入可称为"断裂"的一个新阶段？十几二十年来,我是这么认为的。历经一个世纪的全方位的、深刻的革命,从政治制度到文化、从生产方式到历法,中国断裂了她自己的文明模式和文化血脉。不过,且慢。真就断裂了？这两年,我不敢再轻言断裂二字于中国历史,以为"折而未断"或许更适合描述百多年来中国面临的欧风美雨所发生的变化。借着 2011 年 8 月的一次走读,我终于明白这个大变局中的中国,最适合描述的词汇,蜕变。我结束贵阳的工作后没有直接飞回厦门,而是火车去了柳州,再从柳州回厦门。九个小时的车程,我走过的是一片美妙的喀斯特地形。千峰直立竞艳,轻摇指上问天。隔窗看向田野、民居、河流、道路,眼行心读中,读出了这个蜕变中的国度、蜕变中的时代、蜕变中的文化转型。乱象迭起之世,眼前以观固然触目惊心,放之长远自有可释怀处。蜕变预示未来的新生,蜕变之中注定无尽痛苦,蜕变之时不免丑陋甚至邪恶。有如黑格尔所言,恶是历史发展动力借以表现自己的形式。蜕变也伴随危险。欲求渡过这艰难的蜕变期,需要这个社会保有最基本的生机,需要这个社会存在健康的、有生机的细胞。但愿这个时代的少年书生,最是这有生机的细胞。

在行走中心读,以审思中国人的当下生命;以审思当下,而通向未来。

行止即笔，凡常亦圣

他人是你的又一本书

静室端坐，一卷在握，这是生命之一端；经纬行走，穿越古今，也是生命的一端。置身街巷，肃立庙堂，此所谓立身处世，是生命的又一端。在这一端，眼中所见，不是卷辑，不是山川，是芸芸众生。大抵而言，众生之中，既非孔孟般古圣贤，也非桀纣式大奸邪，不过凡常之人。按照"处处留心皆学问"的提示，日用常行里，职业劳作中，实不妨把他人作了人生的又一本书，多用了心，经年累月地读着，一生受益有加。错过了这一式形态特别的书，不免遗憾，甚至危险。或问，凡常之人，既非圣贤足为榜样，又非桀纣可做殷鉴，何所读之？

曾经从中央电视台上认识一个乡村教师。估摸着他该和我大致的岁数，都有可能同样的时间高中毕业。显然不同的是，我得了上天的眷顾，能够继续学业，他开始了乡村教师的人生。这样一个我的同龄人，在中国，不算少。他何以独特？他的学生们，山里的孩子，上学着实不容易，山高、路长不说，中间一段还没路，为水所阻隔。这个我忘了他名字的同行，约三十年的时间里，在断了孩子们的"学路"的那片水域，在他课业之外全然义务地划船接、送学生上学，每天两个来回四趟。我不记得当时介绍的单趟用时，光这学期里的每天四趟，已够他耗时劳力的了。长年里，他已经用坏了三艘木船。记者问他，最大的心愿为何？回答是，希望有人肯捐购一艘铁质船。那一刻，我荣耀于我有这样一个同行，我庆幸于我生活的时代有这样一个绝非普通的凡常之人；那一刻，我知道，这才是这个社会真正的脊梁，是这个社会能够保有生机的坚实的基础。我清楚，同为人师，我的课徒授业和他的劳力勤业，何者于这个社会“更有益”，那是无从比的。但是我非常清楚，我纵然也敬业，却不用如他这般须以艰辛、坚忍始可为，唯有自觉、大愿方能继。在我于另一所大学的讲台上客座的时候，在我于舒适、典雅的学术会场评议的时候，在我为此空中飞行的时候，他或许正逆水行舟、顶风冒雨。社会格局中的分工不同，人生旅途上的际遇有别，我自不必对着这个值得无限崇敬的同行有任何愧疚之心，但是我必须也乐意为他所激励、鞭策，于我的授业课徒中更恭谨、更专注。他用他的行止作笔，将他的一生写成一册。能读到这一册，或一页，是我的机缘和荣幸。

且请在他人处，发现与感受人性的光辉和生活的希望

这个不完美的凡俗之世，芸芸众生所行所止，善恶并存。此时此地，所遇为善；彼时彼地，所见属恶。就像人心理上敏感于失而迟钝于得，对于俗世之美善要来得迟钝而对于丑恶却很敏感，所谓“好事不出门，坏事传千里”。这个物欲横流的逐利时代更容易演绎此番心态。人的秉性，古人归为“学好三年，学坏三天”，说的是见贤思齐不易，于那恶行效法起来却往往“无师自通”。孔夫子“未见好色如好德”之叹，即此。这是每个人在深心处都需要高度警惕的。那远善迁恶之举，会让人觉得自己“不吃亏”，更会拿“别人都怎么做的”来自我评价以使自己心里坦然，殊不知却已在是非上漠然了。而所谓“不吃亏”，不过只看眼前而不虑长远。每个人今日所为，是迁善远恶，还是远善迁恶，实成他明日生活环境的一部分。想得明白这一点，再看今日之中，固然有恶行，却也不乏善举。为何只知、只肯同流合污，却不愿共显人性之光辉、助燃生活的希望？越能以敏细之心察知、感受他人行止，就越能体会生命的真谛和希望之所系。一年的中秋，在一座小城，晚饭过后我街上闲闲地走着，到了临街的一处不大门面，是擦鞋和修鞋的。看得出来，新开张不久的店。这个时段，没有一个顾客光临，很正常。我想，中秋之夜，店主人不闭门过节，必是生意近于惨淡，我脚上的鞋子，添

不了多少营利，却也算有顾客光临，不枉中秋夜的营生。于是我入座，递鞋，边和店主人聊着。这是个二十岁的小伙子，从武汉一所民营学院退了学，自行谋生、创业，遂在这外乡小城开了加盟店。他坦言，生意不好，做得也辛苦，妈妈为此特意从老家来陪他和帮他。在和母子俩交谈中，由着他们的话语和神色，听得出来也看得出来，生意虽然大风险，生活虽然有压力，但是他们很坦然、平静，乐意并从容地面对生活的艰辛，相信勤勉的劳作终能够有所获。我很欣然，为在这个一已欲望爆炸式释放而普遍浮躁、焦虑的时代，依然有凡常之人如此对待劳作和生活。我深为之动容、感佩，以为实可比沙漠里得遇绿洲、夜行中乍见亮光。这般个人性的勤业与敬业，怎不是奠定了整个社会未来生活的祥和、安适？

再请于他人处，发现你该思考的问题

几年前的一个冬夜，我吃过晚饭，出了校门往书店走。这一段路，正是古刹南普陀前俗称“厦大一条街”的，颇为热闹。前行中遇到一对乞讨的父女。女孩十四五岁般，因身体大面积烧伤而不能行动，躺在简易之极的木制“板车”上；父亲该和我相仿的年纪，意外地属于相貌堂堂的那种男子，看起来七分像了落寞的街头艺术家。我因他之故，略略滞了脚步，思忖间不忍心。这冬夜细雨中，我穿足了、吃饱了，走着尚且寒意袭身，他们却只有简单的食物，不足以供给必要的能量，如何应对季节和天气？我转身进了边上的餐馆，买了些鱼肉，助他们寒夜添暖。离开这一对父女后很长一段路上，我不能平静，纠结于一个社会如何能够免于“朱门酒肉臭，路有冻死骨”的惨象。我很快明白，纵使人人心怀良善而每逢乞讨之人皆肯慷慨，也还是不足以从根本上解决问题。慢慢深思，最后得识，只在人人敬业、各守本分的最基本的品行中，可以达致一个社会道德的光辉、人性的圣洁。这对父女，在我眼中，化作悲情的一页，引我思考社会的正义、个人的敬业。我虑有所得，由此数年来竭力倡言敬业为美德。若是这一番言辞于此纷扰的时代有所助益，那是他们之功、之德，我惟以未曾错过这一页有所自慰。

我们常常以朴素的道德情感，期盼一个社会的道德性，却少有冷静、理性地辨察、反思的时候，使得我们有时为常识所支配，不能于幽、微处“见个真章”。例如，我们以为，一个充满慈善之举的社会是道德的社会，一个道德的社会是不容忍道德上的恶行和漠然而必加斥责、挞伐的社会。我后来知道，这般朴素的道德情感和道德常识，是肤浅的，甚至对于一个社会的祥和、安宁是伏有杀机的。我能思虑至此，是汶川赈灾中所发生的种种事情带来的。那时，某个公众人物、某家知名企业，捐和不捐，捐多捐少，非议、批评、指责、谩骂，直似漫天飞雨，淋出一个个“落汤鸡”。我旁观静思中明白，一个真正道德的社会，仅有道德上的善心、善举是不够的，甚至可以没有人们直接可见的善行义勇。人人得以免于道德胁迫与道德讹诈，人人怀有道德信任和道德宽容，这才最是一个社会德性的光辉之所在，才最是一个社会人性的圣洁之彰显。

还能在他人处，读出哪些于生活、于己于人有益的呢

话说墨西哥市警察局，要求辖下每个警察每个月至少读一本书。警察局若是要求警察们秉公执法、勤练枪法，固是职业特点所在；若是要求读书，读的是专业性的书，也很合逻辑。可是看来，墨西哥市警察局要求其警察所读的，并不是这一类的书。官方在解释何以如此要求警察们读书时，如是说：阅读使我们自我完善，更关切他人的感受，更好地表达自我。而只有更好的人，才能提供更好的服务。我这个中国人，从报纸的不起眼处见之，三分惊讶，七分明白。我的理解是，合了“更关切他人的感受、更好地表达自我”这两个方面的“更好的人”，最起码是对人情常理有足够了解的人，由此对人性、公理的了然、练达，可以带着温情地行使职权，以此温情显示对人性的恭敬、表达公权力的谦抑。严格地说，就此番目的，读书是必要的，却也是不够的。

从普通人的行止中了解凡理常情，是另一条独立的、不可替代的途径。这里，充满于世俗世界中的凡理常情，直接地、直观地、具体地、生动地展现出来。当然，需要对此多加观察和倾听，再继以辨析与慎思。这个时候，普通人的行止，正是一本书，一本可以作为通俗读本来对待的书，从中读出在工作和生活中与他人交往时设身处地地换位思考的能力。知道自己的行为，于他人所带来的后果和他人所相应产生的看法；明了他人的举止、言谈，何以如此，是否虽意料之外却也在情理之中。“推己及人”的抽象法则，就可能变得清晰、实在。由此，人生之中，自可少了些误会、偏见，免了些隔阂、藩篱。这恰如舟行江中，少触了暗礁、少搁了浅滩。端赖对舟楫、江水的了解嘛。

这么说下来，也是一书而三读。这一式行止为笔之书，读出人性的光辉、读出现实的反思、读出人情与公理。

若说，生命，在阅读中展开，大抵合适。复言，一生须读三书，一书化作三式，殊为必要。书之一式，即此“人书”，行止即笔，人生作纸；书之又式，乃是“地书”，山川为墨，大地作纸；再有一式，墨香文韵，可泣神鬼，实为“天书”。“天书”之说，言何所出？端在孔子。“述而不作”，是他不享有今人所称“作者”身份，只在释解、传承。所“述”之作，另有其人，圣贤之上，惟有苍天。也许，孔夫子“口述天书而非作”？今人龚鹏程由此主张，中国文化在早期及后来相当长时间里，存有“神圣性作者观”，即卷辑之中符号系统是“天作”，非人为。若参验以“河出图、洛出书”之说，实已将符号系统定为“天书”了。古人于此也算早有所悟。陆游言，“文章本天成，妙手偶得之”；明代的诗论家谢臻则以为，“诗有天机，待时而发，触物而成，虽幽寻苦索，不易得也”。

既是“三才天地人”，合三式为一书，“天书”“地书”“人书”，方为整全；三书竟读，情思俱付，方可言“才”。

卷四

别样课堂

辩与辩

要离之辨

要离以刺客为史家所书，名传千古。其所思、所言，正好是披坚执锐的另一面，言辞的力量。

史载要离为“细人”，即身材矮小、体质羸弱之人。当时，齐国有壮士椒丘欣，饮马于淮津而马为水神所取。椒丘欣持剑袒裸入水，与水神大战数天。虽然马并未取回，而且自己还盲了一只眼睛，椒丘欣还是非常自豪的，毕竟敢和水神作战的人少之又少。到了吴国，他在友人的丧席上旁若无人。要离便讽刺他：

> 我所知道的勇士，与日战、与鬼神战、与人战，都战之能胜。纵然不能胜，那也是有死无生，不受其辱。你与水神搏斗，马没有取回，还瞎了眼睛，这是勇士所以为耻辱的。你不肯在对敌中牺牲而贪恋活命，还敢在我面前得意、骄傲？

椒丘欣当即无话可辩。夜里，前去刺杀要离，发现要离居然门也不关，不守御，大胆躺着睡觉。椒丘欣一手持剑，一手揪着要离的头发，历数其该死者三：大庭广众之下辱骂我，当死；门不关，当死；睡觉不守御，当死。要离从容作答：

> 我没有三死之过，你却有三不肖之愧。第一，我大庭广众之下辱骂你，你却不敢当场报复，不肖；第二，入门不声不响，不敢光明正大，不肖；第三，一手持剑，一手揪我头发，不敢和我公平决斗，还敢大言不惭地数落我的罪过，不肖。岂不卑鄙？

椒丘欣闻言，投剑而叹：我这个勇士，别人不敢正眼看我。要离却能够施加言辞之力于我，诚为天下壮士。

无怪乎伍子胥称要离“其细人之谋事，而有万人之力也”，荐之于吴王阖闾，以刺杀庆忌。庆忌乃专诸鱼肠剑所杀吴王僚之子，实为勇士。吴王阖闾对“迎风则僵，负风则伏”的细人要离能否敌得庆忌全无信心。要离看出了吴王阖闾的心思，说：

我听说，耽于妻、子之乐而不效力于君王，这是不忠；心怀家室情爱而不为君王去祸除害，这是不义。我装作负罪出逃，请吴王杀了我的妻与子，斩断我的右手。这样一定能够得到庆忌的信任。

要离遂如愿潜至庆忌身边，得其信任，并在后来一起率领士卒杀向吴国。渡江之中，要离坐在上风处，借着风势用矛刺杀庆忌。庆忌临死，揪着要离的头浸入水中，又把他的身体放在自己膝上，赞叹，“好一个要离，敢加兵刃于我，真天下之勇士”。庆忌此时尽显其豪迈、阔达，不许属下杀要离，谓“岂可一日而杀天下勇士二人哉”，并下令放要离回吴国，以使其忠义得到旌表。

刺客要离，随即以他的明辨、果毅回应他所刺杀的庆忌的豪迈、阔达。要离说：

我杀了妻、子，为的只是侍奉君王，这是不仁；为了新的君王而杀旧的君王之子，这是不义。人应该看轻生死，不以不义为贵。现在我若贪生而活，就是不义。我有此三大恶行却活在世上，还有何面目见天下之士？说罢，投身江中，却被救起。又说，“我怎么能不死呢”？乃自断手足，伏剑而死。

刺客要离，其力，不在审时度势一击以毙勇士庆忌。要离之力，在其几番言辞。对椒丘欣，要离逆势辩难，唇为枪舌作剑，以言辞而折服好勇斗狠之士。对吴王阖闾，要离言之凿凿，义无反顾，成功说服吴王，悉心布下杀局。对他自己，要离之言其形为辩，其实乃辨。这是他以忠、义辩于吴王后，以仁、义自辨。这一辨，不再外显为言辞之辩，而是身行力践，弃爵禄、轻生死。

人何所辨

在感官、知觉、经验的层面，我们面对的是一个多姿多彩的世界。这个大千世界，带来审美上的满足，也带来多样的可能性，生命的自由、个性的张扬由之而来。但是，大千世界又难免显得凌乱，让人无所适从；面对大千世界，需要选择、取舍；若是取舍不当，便往往误入歧途。要选择，就需要辨。辨析，以清晰地了解人、事、物；辨别，以使彼一人、事、物与此一人、事、物不混淆；辨识，乃将彼、此之独特性揭示；而后，乃可辨正。行动世界里所要辨的，有三个方面。

第一，善恶、是非、对错、得失、敌友、人我必须辨，这是价值论上的辨。总归起来，所辨乃是利害。

第二，真伪、生死、阴阳、强弱、动静、有无、新旧、虚实、显隐、本末必须辨，这是本体论上的辨。相对于前者，所辨乃是客观上的情势。

英国哲学家休谟的价值—事实二分法，就是这样分的。这个二分法当然只是相对的，却也具有相当大的参考价值。

第三，经权、直曲、正奇、疾徐也得辨，这是行动的策略、方法上的辨。

因辨成辩

肯辨，能辨，是生活不苟且、生命求尊严。如何对待辨，就是如何对待人生。

一个人有所辨，还可能只是自辨，与他人无关。他辨个清楚，或遁入空门，如李叔同之转身为弘一法师；或舍身就义，如要离。这是不须辩的。故而才说要离之言，其形为辩，其实乃辨。

一个人辨过了，于是非、真伪、经权莫不明明白白的，却因关联着他人，便不能只是“自辨”，还得向外于他人处有所辨。一旦不得不向外于他人处有所辨，有人则路见不平行侠仗义，拔刀相向恩仇快意。另有人却是君子束手而动口，或者慷慨激昂、铿锵有力；或者娓娓道来、深流静水。这是言辞之辩。“舌战群儒”说的就是这般情形。若非辨之于前，便无辩之于后。这是因辨成辩。

另一个著名刺客聂政，只因遇到了知己，便慷慨赴死，无从选择，也不必选择。如同聂政之死于知己，辩生于“己知”。辨个透彻了，这不是“知道自己”，而是“自己知道”。不妨也称为“觉悟”。既然觉悟，不得不辩。不是为自己辩，而是为“觉悟”辩。故而，连佛的信徒都得辩，辩经。何况人哉。

所辩者三

一旦相互之间以言辞为辩，那是彼此有了分歧。为了有效地通过言辞之辩来解决分歧，对于彼此分歧到底何在就得把握准确。否则，辩起来轻则徒劳，重则分歧愈大。所辨既然有三，分了价值的、本体的、谋略的，那么，所辩也相应有三，辩价值、辩本体、辩谋略。分而述之：

第一，彼此的分歧若在于是非、善恶，那是立场、利害上有了分歧。这分歧，表面上看关乎得失，其下实为伦理、道义，即所谓正义与否。这是根本性的分歧，也很容易由此分歧而带来情绪上的对立、人格上的对抗。这也是下文所说语境错位中的根本性错位。古人讲福祸相倚、否极泰来的道理，正是将得失的问题明白道出来。

第二，彼此的分歧不在是非、善恶，而在于事实层面，彼此对于真伪、虚实、动静、有无等判断不一，那不是立场或利害上的分歧，只是认知上有异。这个时候，没有必要产生情绪上的对立、人格上的对抗；也应该有意识地避免情绪上的对立、人格上的对抗。言辞才有可能真正作为“智能性力量”，免于激奋、狂躁。有时候，表面看来是彼此在目标上有分歧，可这不是就目标的伦理、道义依据有分歧，而是对于与目标相关联的事实根据有分歧，那就依然是在本体-事实层面所为之辩。冷静者，便能够把握分歧所在，由此明确辩驳之界限，例如不会攻击目标本身，并且善于剖析彼此分歧于对方。所谓求同辩异，且是求大同、辩小异。

第三，在路径、方法、策略上有分歧，也就是在如何采取行动上有分歧。相较而言，这是最小的分歧了。设若与刻舟求剑者辩，所辩就只限于刻舟以求之策之错，而非其求剑之目标不妥。当然，如何行动的分歧也往往导致目标能否达到的分歧，因此这样的分歧也常常转化为目标层面的分歧，改变了分歧的性质，进而加大言辞辩论的难度。例如刻舟求剑者会以为只有刻舟之策可求剑，要他弃了此策，即是要他舍了水下之剑。

要离始辩于椒丘欣，终辩于己，是价值之辩，仁、义、智、勇；其谓吴王“杀我妻子、断我右手，取信庆忌”，是策略之辩；中间，椒丘欣与庆忌先后赞叹要离为勇士，是本体层面之辩。

有辨不辩

固然因辨生辩，却也不是有辨必辩。有辨也可不辩。

其一，面对亲情，实有妥协之必要。大义一至于灭亲，何况言辞之辩？然而，不是事事都要极致到大义灭亲，也不是寻常人等都能做到大义灭亲。妥协于亲情，不辩于言辞，不仅无妨，甚至应该。这叫不该辩。

其二，遇到无可辩之人，强为之辩，不过对牛弹琴。叫无可理喻也好，叫竖子不足以谋也好，总之不如三缄其口。这叫不必辩。

其三，所辩之事当辩，欲辩之人可辩，却时机、场景不合适。那就暂时沉默，静候可辩之机缘。这叫不能辩。

不辩之辩

有时看起来不辩，于言辞上放下了关于是否、真伪、经权的辩驳，行动上却按照内心里所辨行事。这是不辩之辩，是用行动上的坚忍、持守为无声之辩。这甚至比言辞之辩难多了。当年，管宁不耻华歆热衷富贵，割席绝交，这是不辩之辩；后来只身避走辽东数年，返回中原后依然自耕自食，不趋附不谄媚，也是不辩之辩。钱穆先生评断管宁，“于乱世保存一完人”。管宁是否当得起此评，另论；钱穆先生言理，高论。

转型中国·电视辩论·共和精神

此文作于2003年夏天。中国中央电视台举办又一届的国际大专辩论赛,希望评委们专此作文,以为呼应。

——题记

1978年国家政策选择改革开放,开启了当代中国的社会转型。已经持续了四分之一世纪的当代社会转型,可以简约地概括为三个方面:经济领域的市场化,政治领域的法治化,文化领域的多元化。作为已为社会普遍关注的文化现象,电视辩论赛与当代中国的社会转型关系密切。一方面电视辩论赛因着社会转型成为可能和必要,是社会转型为电视辩论赛提供了土壤;另一方面电视辩论赛又成为当代社会转型的体现乃至于标志,是社会转型的有机组成部分。

电视辩论赛直观地和直接地是作为一种电视节目而存在的。尽管也有诸如中国中央电视台和全国律协联合举办的2001年“全国律师辩论赛”,但是人们所见到的电视辩论赛主要地是媒体和大学共同完成的、在校的大学生以各自大学的名义进行的。在这个意义上,电视辩论赛是中国大学中的校园辩论的一种延伸。没有校园辩论就几乎不会有电视辩论赛的存在。这或许是因为,只有大学才能够提供足够的人力资源和智力资源,并凭借本身的影响力,从而为公众提供有足够吸引力的电视辩论赛;可能还因为电视辩论赛毕竟具备游戏的属性，因此成年人或许乐意欣赏却基本上不会亲身参与，而年轻、敏锐的莘莘学子则是最适合这种智力游戏的人群。

在民国时期中国的大学就已存在着校园辩论，但是如果没有主动地敞开国门的"开放"，没有包含了重建大学制度于其中的"改革"，也许就不会有 1986 年北京大学代表中国大陆参加由新加坡广播局举办的第一届"亚洲大专辩论赛"和随后复旦大学和南京大学的参赛；如果没有北京大学的在场，1986 年夏天中国大陆的电视观众尤其是身处校园中的人们，就不会有机会从电视上看到由媒体和大学合作的"亚洲大专辩论赛"。正是"亚洲大专辩论赛"推动了后续的中国校园辩论和电视辩论赛。今天，由大学生所进行的校园辩论，以及可以看作校园辩论的延伸的电视辩论赛，既可能为人们所喜爱，也可能为人们所诟病，但绝不是人们所陌生的。电视辩论赛已不再仅仅是一种电视节目，也不仅仅是当代社会转型的众多体现之一，它更是参与了当代中国的社会转型。

一个转型中的社会无疑比任何一种类型的社会都面对更多的和更复杂的困惑或者说问题，这些困惑又往往因为关涉社会生活的当下状态而成为急迫地需要解决的，因此人们比任何其他时候都更需要思考、智慧和答案，哪怕只是可能的答案。中国历史上的春秋战国时代，就是这样一个渴望思考、智慧和答案的时代；也正是这样的渴望造就了足令炎黄子孙自豪的百家争鸣。同时，一个转型中的社会也比任何一种类型的社会更少政治权威和精神权威。今天的中国早已不再是恭候和流行语录或"最高指示"的时代了，因此人们比过去有了可能对困惑提出独立的思考、为时代贡献自己的智慧，也比过去有了可能为心中的困惑去倾听并甄别各式各样的声音。这样的时代背景，是电视辩论赛得以存在的最深厚和肥沃的土壤。当然，这也逻辑地决定了电视辩论赛的应然：回应时代的困惑或那些必定永远困惑着人类的问题，为此提供形形色色的可能答案（这些答案还应该因为逻辑的简洁和自恰而富有审美价值）。实际上，电视辩论赛的主办者所选择的辩题，除了部分地考虑电视节目的需要外，更多的是对人们的困惑的揭示。这些困惑，或因人类生活的当下状态而形成，如“网络使人们更亲近/更疏远”、“电脑必将/不会取代书本”，或是人类长久以来一直未能加以确切地解决的，如“知难行易/知易行难”“社会秩序的维系主要靠道德/法律”等。人们欲从电视辩论赛中获得的，首先和主要的，并非场面的热闹、语言的华丽、仪表的优雅，而是对问题的独特理解，即智慧。在这个立场上，电视辩论赛的功能不是娱乐的，而是益智的。

在一个垄断话语权的社会，辩论是不可能的，哪怕以游戏方式进行的辩论也在禁止之列。秦汉以后的中国社会恰是如此。与此相反的是，城邦民主制时代的希腊，乃是话语权处于分散化配置状态的社会，辩论盛行，对辩论术的研习和教授亦盛。因为话语权的分散化配置使人们在话语上的相互平等成为可能。辩论在本质上是一种商谈，其前提是承认辩论参与者的人格独立、身份平等；通过辩论以话语说服反对者，而非凭借物质力去压迫、屈服对立面，这体现的是对非暴力即和平的选择。可见，在话语权的分散化配置这一外显特征下，辩论的精神内涵是共和，是与对立面的共和。这对立不论是认知、信仰层面的对立，还是利益层面的对立。如果没有话语权的平等，意志的表达和利益的谋求就只得诉诸暴力，人类也将难以表明他对动物性的摆脱。因此，对于人类文明而言，辩论不仅具备工具合理性，而且具有价值合理性。尽管电视辩论赛并非真正意义的辩论，但电视辩论赛还是以其形式特征，承载着“共和”精神：第一，理性。参赛双方辩论队只能以言辞说理的方式提供自己的观点和推翻对方的立场，这一过程始终要求辩论队尊重对手、杜绝人身攻击。须知任何以语言实施的人身攻击都是暴力的变形。第二，公正。辩论队必须向作为中立的第三者的评委说理，由中立者对辩论队说理的有效性做出判断，以此决定胜负，而不是由参与辩论的任何一方单方面决定胜负。这正符合了“任何人不能做自己案件的法官”的“自然正义”理念。第三，平等。辩论双方在可共享的前提下向中立者说理，包括同等的时间、同样的规则、中立的辩题等，而一套由社会成员共享的规则运行于社会生活中正是法治的题中之义。第四,妥协。辩题的中立性意味着辩论双方的命题是真理与谬误同在,因此辩论队必须承认对立面的正确,哪怕只是有限的正确。对立面的正确迫使辩论队必须做出妥协。己方命题中的谬误在要求辩论队以立论策略和技巧加以弱化之余,还必定意味着承认对方的某些辩驳的成立。这依然是对对立面的妥协。第五,宽容。辩论队对辩论所及的知识注定只能有限掌握,因为在学科分化与学术分工的背景下连百科全书式的学者都难再产生了,何况在富有时效性的思维对抗中更难免有细节性的失误。对此,辩论赛要求辩论队具备宽容对手在知识上的某种不完备、在语言上的失误等的气质和胸襟。这种对异己的妥协与宽容乃是共和的真精神。转型中的当代中国,已开始了话语权的分散化配置,从而在一定程度上体现了文化的多元化,这一点又成为市场化进程和法治化进程的支持条件。电视辩论赛的存在及其广受社会关注(它所遭遇的批评不过是它所受关注的一种表现形式),当是对当下中国所出现的话语权分散化状态的折射。同时,只要它受关注,那么电视辩论赛所承载的共和精神,就会日渐渗透和扩散开来,这尽管也注定只能在极有限的程度上。

说电视辩论赛不是真正意义上的辩论,至少是因为:在辩论对象(辩题)上不得不考虑其对电视节目的适宜性,也不得不考虑某种政治因素,于是辩论只能就有限的对象而展开;在电视辩论赛中持对立命题的双方并非在为其本真的立场辩护,尽管一支好的辩论队在对论域经过审慎而富有策略的构建后能够在相对的意义上做“真理之辩”;辩论队只是在有限的时间和条件下对其相对正确的命题做有限的证明,论证与辩驳的周详、深入无以实现;它无法剥离游戏的属性,必得分出“胜负”,这又往往使大学在参与具有传播效应的电视辩论赛时带上名次的重负。但是,我们还是有理由期待着,从今天的校园辩论和电视辩论赛,将会生发出真正意义上的、与这个时代的社会转型更为融合的辩论。

校园辩论和作为其延伸的电视辩论赛,属于人为构建。任何人为构建都难免不足甚至缺陷，这至少是因为人的有限理性。电视辩论赛自然也不能幸免，其缺陷在评委的适宜性、辩题的科学性、规则的完备性、形式的可欣赏性等方面都会或大/或小地存在着。在中国的语境中，校园辩论和电视辩论赛既是产生的时日甚短，又不免面对各式窒碍（例如，即使在没有媒体介入的校园辩论中，有一些辩题依然会因为“敏感”而不能被辩论），因而就更可能让人心生不满。因此，任何批评和苛责，若是立基于对电视辩论赛的现实语境的思考，则必定是真正有意义的；反之，则不过是徒逞一时之快。当然，对电视辩论赛的多种乃至对立的意见的并存，正是这个转型时代的文化多元的又一表现。而确定无疑的，在社会转型中的当代中国，电视辩论赛已不仅仅是一种电视节目，它还应该甚至更应该被作为一种文化现象，一种折射了面对人类生活的困惑和问题时的某种程度的话语权的分散化配置的文化现象，一种包含并展示了共和精神的文化现象。如果说，电视辩论赛作为游戏和电视节目，出于有意识的选择，那么或许可以说，它所具有的表征意义和对共和精神的展示，则似乎是不经意的。

造就未来中国的意见领袖

此文作于 2007 年夏天。每个夏天，总是“辩坛”热闹之时。看着热闹，或置身热闹，不免添了想法，遂有此文。

——**题记**

游戏般的校园辩论，以及作为它的延伸的各式各样的辩论赛，有着怎样的意义，大抵是人各仁智的。有人简简单单地只为在其中获得快乐，有人看重的是名次和荣耀，有人则着意于自身素质的提升。而我之于校园辩论和辩论赛，则另有期许。

从 1995 年第一次执掌厦门大学辩论队起，我就几乎没有间断过作为厦门大学辩论队教练这一角色。我乐意这份工作，既是因为我以之回报这所大学和校主嘉庚先生，也是我以之为分内之事。我一向把借校园辩论提升心智成长中年轻人的相关素质当作大学教育的一部分，它不是“课外”的，而是地地道道的“课内”的。2003 年秋天开始，我和傅小凡教授合作开设了用以训练校辩论队的全校性选修课《语言艺术与技巧》和《辩论与演讲》。我们很清楚，课程的目的其实不在于教给学生赢得一场辩论赛的能力，而是致力于那些一个人终其一生都需要的素质，尤其是一种人生态度，一种对于生活的从容、洞达、持守。

这两年来，我更清晰地意识到我对于校园辩论和辩论赛的另一方面的期许，乃是借此造就未来中国的意见领袖。

如果将“话语权的平等分配”从辩论赛中剔除，可以想象再没有人愿意参与和关注辩论赛。赛制各不相同，“平等地分配话语权”却是不能改变的核心信条。不仅在比赛的对阵双方之间使话语权平等分配，赛制也总是力图在各个辩手/辩位之间尽量对等地分配话语权。可见我们所在意的，乃是辩论赛对暴力和强权的排斥，由此使经由言语的商谈、沟通、妥协成为可能。一个在辩论赛这样的话语方式中历练过的年轻人，应该比他的同龄人更具备“我有话说”和“有话你说”这样的意识。我把这作为共和精神的一部分。

在辩论赛中，如果说赛制关联着“怎么辩”，那么辩题所涉及的则是“辩什么”。我们固然要求赛制是公平的、合理的，但是显然我们更要求辩题是合适的，是真正可辩的且值得辩的。倾向于所谓“政策性辩论”，正是表明我们对辩题的一种特定态度。我以为，隐藏在“政策性辩论”倾向背后的，是大学的使命和社会职责这一大学的内在逻辑。使大学成其为大学的，不仅仅在于它的知识创新和文化传承，还在于它对公共生活自觉的、主动的和深切的关注，在对公共生活的关注中将对人类的终极关怀（那些永恒的困惑）和现实关心（当下的迷茫）熔铸于一。大学对学生的人格养成，断不能少了使学生具备关怀公共生活的能力和意识。除非我们认为校园辩论可以只用来讨论“妻子/丈夫做家务更合适”这样的纯粹私人生活的问题，否则我们就必须承认对公共生活的关注乃是校园辩论和相关的辩论赛的真正意义所在。因此，每一支辩论队，每一个辩手，都是肩负着对公共生活的责任，走上辩论台，面对观众，拥有和行使着他的话语权的。

这种自觉的对公共生活的责任感，是我们对辩手的最低限度的伦理要求，是辩手获得话语权的正当性所在。正是肩负对公共生活的责任，以及贯通于这一责任感中的理想主义情怀，辩手方能够充分地尊重对手的话语权，尽力避免甚至消除辩论赛中的语言暴力。这样的语言暴力可能表现为：直接地剥夺对手的话语权（如不让人回答）、强加于对手的定性和无中生有、使用意识形态语言(意识形态语言具有鲜明的战斗性,是话语强权的直接形态;意识形态语言又具有平庸性和去个性化,是将绝无美感的语言强加于听众)、回避问题(使对手的话语权落空。我以之为语言“冷暴力”)、过快的语速使人不明所以等。也正是肩负对公共生活的责任,辩手必须冷静而审慎地思考辩题,用所有真实的理由论证自己的命题,尽管这一命题是抽签得来的。辩手必须对辩题(因而对人类生活中的实际困惑)提出自己独到的见解,从而于辩论对手、于评委、于观众能够提供智识上的启发。

以理想主义情怀和自觉的责任感表达他对公共生活的理性思考的辩手,无疑是充满力量的。如果说“力量越大,责任越大”是一种伦理信条,那么我乐意改造这一表达方式来作为一种人生态度:责任越大,力量越大。我也希望每一个辩手,因为怀抱理想和责任而内心充盈、强大;我也希望每一个辩手,因内心的充盈、强大而在他走出校园步入社会之后,善于和勇于担当起对公共生活发表意见的责任,乃至成为意见领袖。

造就未来中国的意见领袖。我以这样的奢望,在五老峰下、波涛尽处、砖红瓦绿的芙蓉园尽我作为教师的本分。

我期许着,当下中国的校园辩论,是一条通向关于公共生活的意见领袖的未来之路。

作为游戏的辩论赛：在返回中超越

前文作成之后，总有未尽之意，惟以此补之。

——题记

我曾经试图探寻游戏般的辩论赛与转型中国培育共和精神之间的联系，为此我写就"转型中国·电视辩论·共和精神"一文；我再写下"造就未来中国的意见领袖"一文，以表达我对校园辩论的意义的新的和进一步的理解。这些，哪怕对于审慎的读者来说，都可能认其为纯粹的个人性态度，而不足以作为一种观点来对待。我须得再经由对游戏的认识，阐明我的立场何以如此。

可以粗略地将辩手分为两种类型。一类辩手只将辩论赛当作游戏，以游戏的方式，且以游戏的心态，享受游戏所带来的快乐；另一类辩手不将辩论赛当作游戏，忽略甚至拒绝游戏性地对待辩论赛，既排斥游戏的心态，也不采用游戏的方式。大抵都有些偏颇。

辩论赛确实具有游戏的属性，是与实际生活相分隔的。它所构造的，是一个虚拟的话语空间。所以，辩手不得不捍卫并非本真同意的观点；而获胜方所论证的命题并不等同于真正成立的命题，辩论双方和其他的参与者更不会按照这一命题真实地行动(所以这辩论作为一种言说就不属于实际生活中的"交往行动")；辩手在现实生活中也并非总处在与他人合作的前提下言说，须得时时顾及"团队配合"这一要求；严格的规则限制和赖第三方的"裁判"定夺辩论的优劣高下似乎更不是生活情形的完全再现。如此等等，不一而足。因此，辩论赛对辩手的要求和现实生活对人的要求就显为不同。这已是毋庸置疑的了。也许正因了这一“毋庸置疑”，辩手常常将辩论赛当做了纯粹的游戏，不仅以游戏的方式说话，甚至以游戏的心态说话。这却是不能不细加审察的了。

游戏与实际生活的分隔并不意味着游戏对实际生活的反叛。相反，分隔于实际生活的游戏恰应该是且实际上是实际生活的延伸，或者说是对实际生活中未能充分实现的生活理想的寄托。任何游戏都要求公平，否则游戏失去生命力，而这公平也正是人类的实际生活企盼却无法完全的价值诉求；游戏总包含着并着力于渲染审美成分，审美则可看作人类在现实世界谋理想生活（宗教是试图经由彼岸世界寻理想生活，而法律则是在现实世界构造出人的生活）。对于实际生活而言，游戏是超越性的，却不是反叛和背离的。游戏中的一些仪式性元素体现的是游戏的超越性，通过游戏中的规则保证游戏的有序性和公正性所体现的当是它与实际生活的通连。所以，游戏总是有所承载的。奥林匹克是成人的游戏，它承载的是“更高、更快、更强”的自我超越精神，它甚至在今天成为了“国家间政治”，它也可以成为跨越枪炮的对话寻得和平间隙的理由。少儿的游戏，也不仅仅是为了童趣，它还承载了人类对下一代的教育，是人类的文化传承的一部分。

作为游戏，辩论赛的超越性包括：它是带有表演性的论说，要求辩手具有高超的语言把握力和现场感染力（我没有使用“语言具有美感”这样的容易产生误解的表述，免得误导而致语言一味地追求华丽和花哨）；它是讲究乃至强调辩手在团队配合中展开并表现自身思维的能力的；它着重于辩手在电光火石般的思维对抗和流变中的灵动、敏捷、机智；它要求辩手极尽挑剔之能事，合逻辑地挑出对手“鸡蛋里的骨头”；它要求辩手在包括着装、手势、坐姿、神色等因素在内的仪表的端庄、雅致、风度、教养等（在这一方面，厦门大学辩论队以“出于自然而修饰自然”为准则。隐含的正是对辩论赛与现实生活的超越性和通连性的统一的理解）。

辩论赛与现实生活的通连性包括：比赛必须是有序的和公平的，为此规则必须是于双方对等的，评委必须是中立的；辩手必须以对对手和观众的尊重为前提展开他的论说；辩题必须是人类生活中恒久的或当下的真实问题乃至困惑，双方的命题是有可能被证明而不是只作为个人化的好恶或意见存在的；辩手必须用真实的理由证明虽非本真的命题，也就是用自己实际上同意的理由证明自己未必同意的立场（如果你能够组织充分的“真实理由”，那么以此为论据的命题难道不是可以“真实地同意”的吗）；论证须立足于生活的逻辑，即于“情理之中”求“意料之外”。

我因此主张，作为游戏的辩论赛，在思考和对思考的表达这两个方面，都应该返回我们的真实生活，并在返回中实现对真实生活的超越。不能返回真实生活的辩论赛，或者返回而不能超越真实生活的辩论赛，注定会让我们感到遗憾、不完美甚至遭遇鄙夷、厌恶。

假如我的立场能够得到辩手的赞成，那么怎样在辩论赛中实现“在返回中超越”，将“返回”与“超越”相融为一体，想来也是各显神通的了。

透彻地思考，清晰地表达，温和地沟通。在将辩论赛定位在“在返回中超越”的前提下，这样的要求，对于辩手而言，就该是顺理成章的了。如此，在游戏性的辩论赛与“未来中国的意见领袖”之间，难道不是具有了联结点了吗？

“辩论赛是一种教学活动”

尹德刚教授如是说

大学以一校之名义，参与或举办辩论赛，为此组建辩论队，投入人力、财力，并需要克服赛事与正常的教学进程之间的抵牾，究竟其意义何在，其性质如何，不见得就是自明的、有一致看法的。人言人殊，人各仁智，也很正常。

尹德刚教授执掌澳门大学辩论队十多年。在与他相识、相交中，一众同仁深感其温厚的长者气度、精湛的专业水准、专注的敬业态度，我个人更时常在言谈间受他启发良多。某一日，尹德刚教授以“辩论赛是一种教学活动”，掷地有声地将游戏般的辩论赛与大学教育之勾连，极简要、清晰以厘定。我当场听闻，欣欣然。此言之功，既如筑城建寨，可抵御对校园辩论的攻击；又成路标指南，可引领那些热衷于、致力于校园辩论的同学们准确前行，不入歧途。我多年思索，未必尽得要领的问题，尹德刚教授在十字之言中，以其昭昭，去我昏昏。这一回，且试着将尹教授的十字言，以我的经验和智识，就着渐渐累积起来的点滴思考，略加铺陈。以为同仁之唱和，并作私谊之承载。

这样一种教学活动，最直观的特点，是它的团队性。每一个学生，都在叫作辩论队的团队中学习、与团队的伙伴一起为同样的目标努力。这使得这一教学活动和常规性的学习不同。首先是，辩手们为了准备一场辩论赛不仅要补充知识、积极思考，还要在辩论队中相互学习。“在团队中学习”，本就是这几十年来高等教育的趋势。在团队中学习的非常重要一点是，每个人都无形中直接、间接地扮演了教师的角色。这不仅是促使辩手提升在“课外”自学的能力，更是促使辩手肩负起“教会同伴”的责任。当然，这样的责任是相互的。由此，辩论赛赋予了参与其事的学生双重角色和双重责任。其次是，辩手们要通过团队合作实现共同的目标。高等教育需要充分张扬学生的个性，而个性的型塑却又需要“群”的存在方式。纯然的“独”是无法形成个性的，大抵更容易养成孤僻、自闭。辩论队正是一个适合在“群”中型塑个性的教学空间。而其间，又注定包含了妥协、退让甚至自我牺牲。这些秉性，对于人格的健全，殊为必要。

当然，不是只有辩论赛才提供团队性的学习机会。辩论赛的特质，在于反思与批判，在于对熟视无睹的常识提出新的思考，在于对眼前的难题或人类文明永恒的困惑明察细思。这个部分，自然也算是人们对辩论赛之于大学教育意义的共识了。不过，未必很清楚的是，在这个全球性的“知识社会”里，知识变得专业化了，即专业性知识，由此导致的知识的工具性和碎片化，极大地造成了“有知识”的学生的“无见识”。即知识可以使用，带来“收益”，却不足以产生见识，带给心智成长中的年轻人视野上的开阔、思考上的深入。在把辩论赛作为教学活动来对待的时候，通过辩题导向，正可以弥补专业教学上的不足。

比赛总有胜负、得失。健全人格包括了一个人如何恰当地对待胜负、得失。辩论赛可以帮助学生养成良好的人生态度，从容、淡然地看待胜负，点滴积累着不骄不矜、不卑不亢的心态和气度。纵然这样的比赛是游戏性的比赛，胜负、得失比之于未来人生也几乎可以看作虚拟的，却也还是可以看作一种带有练习和模拟功能的心理经历。心智成长过程中完全没有这样的练习和模拟，不免是有所欠缺的。

辩论赛的第四项教学功能，是对抗性思维能力的培养。辩论赛因为带有游戏属性，“对手”是“虚拟”的，但是由虚拟对手所带来的思维对抗却不是虚拟的。一个人，只会独白，不算上佳的思考能力和表达能力；在干扰和攻击中做得到充分论证、严谨表达，才真正是思维无碍、言说无碍。辩论赛还特别采取“你方唱罢我登台”的方式，不肯让任何一个辩手有机会滔滔不绝、长篇大论，这使得辩论赛中任何一方对命题的证明都是嵌入式的和碎片化的证明。这大大增加了证明的难度。嵌入式对抗，正是磨刀石般，磨砺着一个辩手的思维能力。

辩论赛具有公共话语空间的特性。这使得辩手在赛场上的言说比通常的口头表达更具有表演性。这是每一个辩手都清楚知道的情形，这一情形甚至到了辩手要承受对手和观众对之聚焦的程度。即便不考虑胜负的纠结，不担心对手“使坏”，光是这众目睽睽之下如何做到从容、沉着、镇定，就是很需要良好的心理素质的。台上站过，让人盯过，慌乱过，失神过，出丑过，都是极难得的体验和历练的。

就着“辩论赛是一种教学活动”，还可以续展开来另外的内容。且就此打住。那是尹公之言，余韵绵绵。

在辩论赛中展示创造之美

此文于2002年夏天的中央电视台全国大专辩论赛之后，因评委身份受出版方约稿而作。文中旨趣，于今日喜欢、热衷校园辩论的同学，依然大有助益，遂不避其旧，一并刊布。

——**题记**

如果说好的赛制是给辩论队的创造性保留足够空间的赛制，辩论赛好的组织者是能够提供这样的赛制的组织者，那么好的辩论队则至少是能够创造性地参与辩论赛的竞逐的辩论队。

一支辩论队显然应该关心比赛的成绩，但是名次不应该是辩论队参加一次辩论赛的唯一目标，也不应该是最重要的目标。如果只是为了比赛的成绩而参与赛场的竞逐，往往极容易意气用事，在辩论赛这一说理的游戏中逞口舌之能；也极可能使一支辩论队去模仿过去的成功，并在对他人的模仿中丢失自己。实际上，即便是为了比赛的好成绩，辩论队也不应该去模仿。设想，1999年西安交通大学辩论队如果模仿了1993年的复旦大学辩论队，结果会怎样？

我希望辩论队对于辩论赛有一种立场、一种态度，这就是：以最大的努力追求最好的名次，但是超越对名次的追求；辩论赛场的竞逐更应该是为了展示辩论队的良好素质和修养，展示辩论的内在之美，展示辩论中的创造之美。

“兵无常形”是两千多年前的先人留给我们的生存智慧，在今天它也可以当作是一种辩论智慧。辩场如用兵，故“辩无常形”；辩赛如为人，故辩论队该当个性化。因此，辩论赛的创造性展开，不仅可能，而且必要。当人们见惯了辩论赛中语言的优美、华丽甚至对语言的包装之后，不也依然甚至更深深地被那些平实、本色的话语打动了？当辩手习惯于慷慨指证对手的几大错误、几小错误并套用各色成语以增强气势时，以更接近于客观和中立的态势，使用另一类话语，例如分析辩论双方的分歧、就对方的观点提出质疑（当然，这质疑须因逻辑上的成立而合理，因直指对方命题之关键而有力），而不是扣上几顶帽子，难道不会更好吗？

辩论队在辩论赛中通常不会忽略对辩题的创造性处理，却比较容易忽略对辩位的功能的独特理解和对赛制的独特运用。假设，有一个担任结辩的辩手，在分析对方的错误之前，先承认对方有什么正确的地方，那么他是富有辩论智慧的。再如，攻辩应是实施火力侦察，以发现对手在哪方面准备充分又在哪方面是薄弱的，从而为后续的自由辩论选择最合适的攻击方向和攻击点。辩论队常常也能注意到任何辩论都是对己方命题的证明和对对方命题的辩驳，但是往往是突出对己方命题的论证，相对忽略对对方命题的辩驳，并总是将辩驳零碎化。甚至都可以考虑更有力度和创造性的辩论策略。不按先立论后驳论的常规，而是先就对方命题必定包含的谬误以反驳对方命题，这可以令对手措手不及；而后再直接为己方命题立论，这往往可以延迟和削弱对方事先准备的对己方命题的攻击。

我甚至认为，“辩论赛的创造性展开”是辩论队的使命。

但是，我所主张的辩论赛的创造性展开，并不等于标新立异，而是与辩论赛的自我规定性相联结的。它至少要求辩论队必须以三个尊重为辩论的前提：尊重对手、尊重辩题、尊重观众。因此，对对手使用攻击性语言、气势充足却不见谦和也许是一种风格但不能说是一种创造；纠缠于对手的细节性失误、不能宽容对手在知识上的不完备或许是一种技巧却也不能说是一种创造；歪曲辩题甚至杜撰事实则连技巧都算不上。辩论赛中的创造性还要求辩论队以比赛规则为前提，借用一句话即“戴着镣铐跳舞”。一支辩论队只要和其他辩论队一起成为竞逐者，就必须恪守规则，否则比赛不可能是公平的，或者说比赛双方实际上并不是在同一平台上相互竞逐。因此，刻意回避问题、大使花拳绣腿就绝不是对辩论赛的创造性展开。

辩论队对辩论赛的创造性展开，不仅是辩论的技巧，更是辩论的品格。辩论队惟有真诚、大度、从容，“辩论赛的创造性展开”才是可能的。适时、恰当、坦率地承认对手的正确的做法，正是辩论队的真诚、大度、从容的直接的和直观的表现，是辩论品格的外化。有一种观点非常值得赞赏：“我们的所有陈词或盘问或自由辩论设计都突出三个字：真、正、整”。“所谓真，一是真诚的态度。二是真切的论点。三是真实的论据”。“所谓正，一是讲正理。二是讲正派，即辩风要正。三是讲正气，即坚持辩论的本真的精神，不游戏辩论，不违背辩论模式所确立的规则”。“所谓整，就是整合，决不全盘否定对方的所有观点，对的要肯定，要把对方的观点作为要素或子系统整合到我方的整个体系之中来”。

在我作为厦门大学辩论队教练的时候，我希望我的队员能够“微笑着倾听，真诚地反驳”。我希望有更多的辩论队愿意赞同我对辩论赛、对辩论队参与辩论赛的目标定位的理解。作为教练，我宁肯失去一场比赛而能赢回辩论队被认可和尊重，也不愿赢得一场比赛却输掉一支辩论队。1999 年国际大专辩论赛中的新南威尔士大学辩论队，正是虽然输了比赛却使辩论队被认可并对后续的中国大学生辩论赛产生了极大的影响；1997 年“中国名校大学生辩论邀请赛”中的山西大学辩论队，在我看来，虽败尤胜。难道不可以说，超越对成绩的追求恰是对成绩的最好的和最有效的追求！

卷五

相送学子

写在“最后一课”之前

“毕业”了，说的自然是课业修习完毕，可以“出师”了。自此，不再有老师教习了，也不用再修课了。为人师者，若还有要说的话，就当是“最后一课”，以补过去四年履职有亏；做学生的，依然愿意来听这“最后一课”，或算觉得有必要临行前由老师再“刨刨光”，或当是恭敬老师而以此作辞行之礼。“最后一课”四字，借自那篇著名的小说。小说所及，为一个民族守护其文化血脉；今日这“最后一课”，则是勉力守护一个时代的心灵。

“六句话”，是在人到中年后，从自身的读书教书、待人处世中渐渐积累而感悟，所提炼而来。这些既非我的任何一个老师曾直接教导于我，也非从任何一本有关修行或“励志”的读本上移植、参考或启发而来。我相信定然有人此前已经说过这些相同或相近的人生体会了，却也不能代替我为我的学生讲这“最后一课”，或免去了我这“最后之责”。以这“半生六言”，期盼每一个远行的学子，一生快乐、高贵。

2009 年的毕业季里，想着之前全球性的金融危机造成的就业困境，定然带给许多甫出校门的少年书生迎面一击。由此，写出《毕业颂》三阕于先，制作卡片版《毕业颂》以继，终于题为“最后一课·六句话”的讲座，组成我的“毕业季系列动作”。2009 年 6 月 22 日，我自行向校方借了嘉庚主楼（颂恩楼）的报告厅，做了这一次或许是大学里唯一可见的没有任何邀请、自已举办的讲座。令我意外的是，当晚，应者寥寥。后来细想，也合情理。

“最后一课·六句话”之
人生无捷径

这个普遍浮躁、奢华的时代，少有不寻捷径的心思了。谄媚为流风，内里即是这寻捷径的心思。校园里作弊盛行，学生于考试作弊、教授于学术作弊，几乎最不该作弊的人和作弊的事，居然都做了，也足可以管中窥豹了。有些心思与做派，是隐蔽的求捷径。例如，择业时只求舒适和待遇，不肯问自己是否适合与喜欢；无关信仰，却为了方便成为公务员而入党。

经验上，常常容易看到有些人走了捷径。不过，在你以为你见到捷径因此实际存在捷径的时候，请注意，所谓捷径，要么是需要付出巨大的、甚至根本性的代价，你无从知道；要么隐藏着你暂时未可见的危险，有一天这潜藏的危险正好成为人生的“死穴”。谁还能把一种生活道路，看起来可以快速、直接地获得某种结果，却需要高昂的代价，或伴有隐蔽的危险，依然叫作人生的捷径？故此，明朝的陈继儒在《小窗幽记》中告诉世人，“过分求福，适以速祸”；相反的，若能够“安分速祸”，则“将自得福”。

若一定要说人生有捷径，那么“人生没有捷径”是唯一的捷径。存着这样的生活态度和生命理解，再以坦诚、恭谦为人和认真、勤勉做事为准则，人生少有不成功的。我看身边的人，但凡在财富、权位、声望上过于常人者，总还是有自身努力甚至坚忍之处，没有所谓捷径可走的。只不过，一个人在有所成就的背后，他的努力、艰辛甚至有时炼狱般的煎熬，实不足为外人道、为外人见。我们总容易看得一个人功成名就、养尊处优的，却难以对他一路而来的境况感同身受。每每就以为,他得了什么捷径,有上天的眷顾。

许多年前,我总结我教书的这一行的特点,曾说过两句话:没有上不好的课,只有上不好课的人;所有的老师注定都有缺点,有的老师可能没有优点。这话,对于我的同行,大抵很不厚道、尖刻有加,但该是常言所谓"话糙理不糙"的。这几年,越发觉得这话说得不仅不过分,实在恰当之极。这回,换种方式,说与每一个人。世上,没有做不好的事,只有做不好事的人。一个人,失了坦诚、恭谦,不肯认真、勤勉,无论干什么、条件多优厚,终究不成的;反之,纵然最简单的工作,身处社会最底层,也未必没有机会依凭才智和心性,而不是出身和捷径,有所成就。我们知道,古来就既有纸上谈兵的赵括将军,也多有起于士卒的杰出统帅。

再引申开来说。一个人能力有所不足,这不算多大的缺陷。很多时候,因为能力不足而没有将工作做好,还是可以得到谅解的。若是在认真、勤勉和坦诚、恭谦上出了问题,大抵不容易受宽宥。能力的大小固是受先天所限,而这样的心性却是后天该让自己具备、与先天无关的。甚至对于多数人而言,工作做得好不好,与能力无关,端在心性。有一次,和人谈及我的这个看法。我说,我每每提示我的学生,做到比能力重要的认真、勤勉和坦诚、恭谦,该是不难的。这个已经有些阅历的人,对于我的看法非常赞成。不过他也说,这种心性,认真、勤勉、坦诚、恭谦,真要做到,也不容易。他这一说,我倒也理解和同意他的意思。话呢,就分了两端了。一边说来,和先天资质有关的能力,是可以以后天的心性来补的,一个人虽没有先天的优势,可勤勉和恭谦还不是可以自己把握的?另一边说来,做到认真、勤勉与坦诚、恭谦,却也实在需要修炼、需要自律、需要自省,一般人也颇不容易。这其中所包含的,也依然还是人生没有捷径一句。

在不懈怠、多努力之外,也还需要学会等待,不可急躁。这个时代,求"发展",尚竞争,往往忘了,人生的常态是等待。我的一个学生,从厦门大学法学院用九年时间读完了法学博士,我担任过他的硕士生学位课的教习,更在几年的时间里作为辩论队教练指导他参加了诸多大大小小的比赛。他毕业后在香港供职于一家美国的律师事务所。这家律师事务所在上海设有业务机构，他的一半时间在这个机构里工作。他和我说起一件事。有一次他带了一个从法学院毕业不久的年轻助手，就相关的法律服务和委托方商议。这个年轻助手让他非常惊讶地径直向委托方发表了专业上的意见，此举既不合其助手身份，而所说专业意见又不恰当。这个年轻人显然是急切地要在工作中显示他的能力，然而他也显然过于冒失了。既冒失于对自己的专业素养的了解，也冒失于对自己工作中的身份的准确定位。最后他失去了他本非常在意的工作，一份薪水非常优厚的工作。不知道等待和不会等待，无论如何善于进取和竞争，都会适得其反的。过于急切地自我表现，实在不如不表现。就算是才华横溢，大器晚成又怎么不行了？

这等待，当然不是纯静止的、消极的、被动的。什么也不做不叫等待。在不能砍柴的时候，可以且必要磨刀，刀磨好了可以练臂力，就算臂力也足够了还可以看看植物学方面的书而不是只靠经验嘛。到得可以砍柴时，保准砍得多、搬得快，岂不胜人一筹？这等待，也就是准备了。在准备中等待，在等待中准备；充分的准备，随时地等待。这即是进退有度、张弛有间。故而，等待不正是一种人生策略和智慧？不正是一种生命节奏和韵律？不正是可使生活柔顺和宁静？《大学》言，“知止而后有定，定而后能静，静而后能安”。一个人的眼力、胸怀、气度，与其说在他不停的进取中体现出来，不如说更在他的等待中淋漓尽致以展示。

也还是有必要再细说这准备二字的，以把等待作为人生策略与智慧这话说得再清晰些。有两种不同的准备。直接的、有形的准备是一种，另一种则是无形的、间接的准备。后一种准备，是不针对某一具体、特定的事项的准备，或许更准确地表达是“储备性准备”。这是平时所进行的准备，是在看起来未必有希望的时候依然不懈怠的准备。古人所谓“有备无患”“备不时之需”即是。顾准是20世纪后半叶中国少数独立思考而富有批判精神的思想家。他在身处逆境时依然博览深思、执笔不辍，政治环境改变了之后以《顾准文集》而影响了这个时代人们的思考，甚至可以说是为20世纪后半叶的中国挽回了一点思想上的声誉。若非顾准锲而不舍的思想准备，20世纪后半叶的中国，其精神世界无疑更为黯淡。普通之人，各有各的准备方式和内容，却都不脱充分准备一理。人往往因为怠惰，不肯尽力做这种准备；或因为只看得眼前之事、之物，不能虑之长远，而不知该做这种准备。人之有异，更多在于这“储备性准备”上。西人言“机遇只垂青有准备的大脑”，说的准备该是“储备性准备”，此时临阵磨枪的“准备”是来不及了。

中国这十几年快速变化，其中就包括快速的汽车增长。且就着每个人眼前的这一生活场景，来比喻人生没有捷径、等待是常态的说法。一个人，或许有机会选择他人生的目标和路径，却几乎无法选择“不上路”。一旦上路，路况基本上就由不得他了。拥堵吗？平坦吗？岔路多吗？红绿灯怎么设置的？同行在路上的其他人会怎么开车？等等问题，皆不由一己之愿而定。坐到驾驶席上，自当全神贯注、眼看耳听，再加果断而谨慎、胆大且心细，既守了交通规则，又充分顾及其他车辆的动态，不管他人是否肯照章行驶，自己可不合有侥幸之心，才能安全、顺畅。所谓走捷径，大抵上就是闯红灯、超速、逆行、强行并线等，偶尔为之固然有侥幸之处，“夜路”走多了，难免不遇到车毁人亡的一刻。有一次，滂沱大雨中我行驶在高速公路上，将车速控制在每小时九十公里，却见一辆车子超过我而去。当时心想，这么快的车速多半会出问题的。果不其然几分钟后就看到这车子横在高速公路上，出事故了。也不知这般横车高速公路，后来的车是否都能如我这样适时避开而不再添事故。真真是古语所谓“欲速不达”。不走捷径，正如开车上路不违章，以求最大的安全和最顺畅到达目的地。有些时候，该慢、该让、该等，一个不肯，也许就撞车了。人行道前，主动停车，礼让行人，与人方便，也最是自己方便。少停了这十秒，造成了斑马线上的一出惨剧，往往就丢了一生。最好，多留点余地，以便万一别人莽撞也还有回旋、避险的机会。一味寻捷径、全不知等待，那是自己先莽撞了。

哲学家赵汀阳，以“哲理漫画”行世。他在一组漫画中阐释了一种生活之理。一群人，每人都背负着沉重的十字架缓慢、艰难前行。有一个人想，如果把这十字架砍去一截，不就轻了吗？一程之后，他又动手把十字架砍短了。自然，他因此比别人省力，也比别人走得快了。不过，路上意外出现了一个又深又宽的沟壑，沟上没有桥，周围也没有路。他只得停下来。后面的人陆续到了，每个人都用自己背负的十字架搭在沟上，做成桥，从容不迫地跨越了沟壑。这个最先、轻松到达沟前的聪明人，他的十字架之前已经被砍掉了长长的一大截，根本无法做成桥帮助他跨越沟壑。于是，当其他人都在朝着目标继续前进时，他却只能停在原地，眼睁睁地看着，垂头丧气，追悔莫及。

每个人，一生中总是有自己的“十字架”的，成了生命中的重负、压力、羁绊甚至桎梏；也总是有自己的沟壑或壁垒，往往难以跨越、通行。赵汀阳的漫画，所含深意，当不止“人生没有捷径”而不能讨巧、耍小聪明这么简单、直白，也许更在于表明，我们生活中的“十字架”，恰是我们可以跨越沟壑、通行壁垒之凭借。一旦把这“十字架”卸下肩头和心头，也正是弃了生命中的某种必要的凭资。这个说法，自然很抽象，至少对于生活的历练和积累还很有限的年轻人而言是如此的。我写到这一段的时候，不经意的起身歇歇，在电视上偶遇了另一个漫画家，朱德庸。他自己说，年轻时他是个非常自闭的人，而正是这样的自闭使他可以和外部世界保持特定的距离、固守着自己的内心世界，并以这种疏隔的状态来观察那个别人所生活的、他的外部世界。他的漫画正根植于此。

这个漫画家朱德庸，再好不过地注释了另一个漫画家赵汀阳所表达的生活至理。而我这个基本上没读过他的漫画，更不了解这个漫画家的人，在试图向比我年轻的人们提出和提示我对生活的理解的时候，他正好参与了我的写作。巧成这样？巧中恰藏了一丝“天机”，由以释明了生活的基本道理？

“最后一课·六句话”之

敬业是美德

这个时代普遍失落了敬业精神，是浮躁的心态和寻捷径的心思的另一面。

通常的看法是，敬业是一个人对事的态度，即他怎么做事。若是认真的、细致的，事情做得好了，那是敬业；做事马虎，错乱迭出，做不好事，那是不敬业。这样的看法固然不错，却也不免简单了。

一个不敬业的人，自然是难称其职的。这样的人，是连匠人也够不上的。烧出夹生饭的人，如何称为厨师？做出摆起来不平的桌椅的人，如何称为木匠？滥用公共资财的人，蠹虫而已，如何称为公职人员？误人的庸医，如何算是医生？上课迟到早退、课上说得天花乱坠的人，又如何算老师？一个人敬业，称了其职，可以算是一个匠人，合格的匠人。不过，敬业的人，实在说来，却不止是匠人这样的境界。这是因为，敬业所及，非只人之于事，更是人之于人；后一端，不仅是一个人在做事的时候和他自己的关系，更在于一事之上他和别人之关系。

2004 年 4 月 5 日，厦门大学八十三周年校庆的前一天，我到了长汀古城，历史上的汀州府府治。这是当年这所大学避东瀛战祸内迁偏僻的闽西之所在。长汀城里的孔庙大成殿是那时校舍的核心部分，至今还悬有“国立厦门大学”字样以为纪念。大成殿前的地上，我看到了一块石雕件的残件。按孔庙的建造年代，这石雕残件也该是明中期的作品。几百年的风侵雨蚀、日晒足踏，已经让它很失原貌了。我静立其前，凝视，依然可以感觉岁月不曾磨灭了它的精致和细腻。那一刻，我仿佛看到了那个劳作的工匠，看得他的内心。我猜想，他接这个活，多半是出于生计的；到他动手凿刻的时候，他的心思，定然不再是赶着做完“这一单”好接“下一单”，他肯定是心无旁骛、全神贯注地做他的活，“铜板”暂时退隐了。这块大成殿前的石雕残件，让我和数百年前的无名工匠，静默地对话。他传递给我岁月浸染了的美感，穿越了几百年时间，并伴着一份平静的心思。这个工匠，也铺垫了我后来理解朱熹。

朱熹释敬业为“专心致志以事其业”。在我思考何为敬业时，遇着朱熹的这句话，深以为然。按这说法，敬业是一个人和他自己的关系，是他的心与身、灵与肉的关系。敬业不再只是表现于“把事情做好”这一外在的、直观的、浅表的方面，更在于一个人内心、精神上的专注、倾心。易言之，凭着手脚把事情做好是不够的，这个过程还是用心的、融贯精神于其中的。可以想象，现实生活也可以证明，一个人一旦做到了“专心致志以事其业”，多多少少，他或者可以把活做得很有美感，或者可以把活做得很有创意，甚至可以做得既有美感又有创意。显然，他这是越过了匠人的层面，达到艺人的境界；他为这个世界所添的，不再只是可用的、合适的，而是添了一份美、雅致、意趣，即便这些只着落于再平凡不过的日用常行中。

然而，我终究是不肯止于朱熹所释敬业之义。我总以为，有比专心致志更深刻、也因此更神圣的东西，包含在敬业二字中。我冥思，渐渐有所得。敬业，该是各守本分。官员守官员的本分，如古来之“文官死谏，武将死战”，医生则守医生的本分；教师守教师的本分，学生守学生的本分；商家守商家的本分，买家守买家的本分。不一而足。人各守本分，则可以人人各得其所；倘若人人各得其所，则额外的良善可以不需要。这样的社会，至少可以拥有最基本的祥和、安宁、平静。偷盗、欺诈固然还是有，可你知道警察和法官是敬业的；疾病、灾祸非人力所能避，可你知道医生、政府是敬业的。古罗马时，就曾以各得其所释解正义的社会。如此，人人敬业的社会，正是一个道德的社会，一个正义得以光照每个人的社会。

“怎样的社会才是一个道德的社会?”这是我在这个民族遭遇了“5·12汶川大地震”之后所提问和思考的。一个人人热衷于献出爱心、肯自我牺牲的社会,自然容易认其为道德的社会。可是,一个道德的社会,未必只靠人们积极的道德行为以支撑和评断。这甚至有危险,危险到根本性地颠覆一个社会的道德水准及至击穿道德底线。当我们依赖于“献出爱心、自我牺牲”来满足我们对“道德的社会”的渴望时,道德讹诈和道德胁迫就会如影随形。我从“汶川赈灾”中悟出来的是,一个道德的社会,必定是一个人人免于道德讹诈和道德胁迫的社会;一个道德的社会,必须是一个拥有道德信任和道德宽容的社会。易言之,不依赖于某些人的特别的“道德支出”,我们依然可以沐浴在道德的光辉和圣洁中。这光洁,惟来自“各守本分”的至简信条中。

所有的不敬业,都是逾越了本分,程度不同而已。一旦逾越了本分,在“做不好事情”或“没有把事情做好”之外,定然还带给和特定事情相关的人以或轻或重的伤害。重则使人受无妄之灾,轻者也是令人有受简慢、冒犯之感。说件我自己的经历和感受吧。2005年的秋天,我因航班延误与航空公司协商违约责任未果,遂诉至法院。那天我前往受案法院的立案厅。我将起诉状、相关证据和我的居民身份证等一应材料递给相关的工作人员,她接了过去。这时桌上的电话响了,她接听,边听边从桌上找个什么东西。为了方便,她不拿话筒的另一手拿着我的身份证在桌上扒拉着,我看到我的身份证所“扒拉”的,包括桌上的一袋面包。也许是我过于小气了,我不能容忍她这样使用我的身份证。我以为,身份证是我的人格载体,甚至在某些时候它就是我,万一没了它我就不是我了,因为我可能没法向警察或“联防队员”证明我是我或我是“合法的我”。她的举止,算得上冒犯我的人格,即便只是轻微的。她本该是维护正义甚至“生产正义”的机制的一部分的,却在举手间简慢了正义、冒犯了当事人。我出言抗议,“我的身份证不是这么用的”。如果我不是一个法学教授,法院和法学院恰好只一字之差,而换作一个普通的当事人,更不用说一个从乡村来的、本就多少带着战战兢兢进入法院这一“衙门”的公民，他对于他所受伤害，也会如我般以严词抗议守护自己的尊严吗？如此，所谓不敬业，就是“以自己的工作伤害他人”，实该视作隐蔽的恶。有一次，我和从深圳来的法官们说我对敬业的理解，再一次，我和从郑州来的一些公务员们说我对敬业的理解。对于我所申言的“不以工作伤害他人”，他们都非常赞成。有一个法官，甚至表示全中国的法官都该听听我的讲座。这让我有着遗憾和欣然相杂的感受。

一个不肯守着自己本分的人，想来是不把逾越本分当作隐蔽的恶的。我们常常指责、抨击、愤恨他人之恶行，在恼怒他人恶行中把自己当作无辜的受害者，在无奈他人恶行时把自己当作道德的清白者且不免有几分道德优越感，却没有深入一点地想，如果我们自己有逾越本分之举，是否也助长了恶行，及至参与了“恶的循环”？就人的天性和常性来说，你得了他人的善待，每每会乐意善待另一个人；你若受了他人的恶意，每每会不由自主地迁移了愤怒于下一个无辜者。假设一种类似于食物链的情形。一个幼儿园的教师，他不敬业，令一个孩子受了委屈甚至伤害；孩子的父亲是个法官，他无法“报复”孩子的老师，于是他迁怒于当事人，裁判不公；当事人于法官也有无奈感，他是个医生，依同样逻辑而对病人不负责；病人是个司机，寻思既然医生不守本分，他也乱开车好了，遂把公交车开得接近于过山车；车上的人，站稳不易，有个老者，就在这疯狂公交车中摔伤。这个老者，极可能正是幼儿园老师的年迈的父亲或母亲。我由此主张，每个人，用恪守本分的敬业，将自己从这一“反食物链”的“恶的循环”中摆脱出来，使自己真正可以作一个道德的清白者。其于整个社会的道德价值则在于，以一己薄力，在凡常劳作中，切断“恶的循环”。试想，若是不断有人识得且践行“在凡常的劳作中切断恶的循环”，我们会生活在一个怎样的社会中？

我坚信，一个社会，达致高远的道德目标的最简单、最有效的途径，居然只在凡常的敬业中。这就可以理解，清人金缨《格言联璧》中所言，“收吾本心在腔子里，是圣贤第一等学问；安吾本分于素位中，是圣贤第一等功夫”。一个肯守了自己本分的人,已是具备了"圣贤的功夫",还是"第一等"的。这敬业,就不能不算是崇高的道德修养了,却又实实在在不过普通之人可以践行、更应该践行的道德准则。"大道至简",也不妨由是观之。

我再问,所守之分,何者?逾越本分者所伤害的,除了相关之人的尊严,还有别的吗?我从我的教书生涯中一点一点地经年累积了对这个问题的理解。所谓敬业,乃是守护每一份职业的内在尊严。纵然是小节之处,我要求我的学生,在课前给我一块干净的黑板,在教室里不许穿拖鞋,不能把教室当成超市或餐室。这是学生的本分。我尽量按照当年叶圣陶的教导,提前数分钟到教室,"候课",而不是铃声中疾步跨进教室;我总是衣衫整洁、肃立讲台,做得到南开学校之"容止格言"所要求的;我下课离开前一定自己擦了黑板,把学生给我的干净黑板回复它的干净状态,也常有学生恭敬地前来为老师效力,我却只以为此事不宜假手学生。这些是我的本分。我的本分和我的学生的本分,合成的,不是我的尊严和学生的尊严,而是教室的尊严,教育的尊严,文化的尊严。教室和大学,可称殿堂,端在于此。一个不敬业的人,他还在践踏一种职业的内在尊严,由此而践踏整个人类尊严。

我这样来理解敬业的时候,回想起来年轻时的一次经历,可做我的看法的生动诠释。1997年的秋天吧,那是我以为我刚刚脱去青涩、开始可以体悟人生的岁数,我和三五友人于南普陀前的菩提树下,石桌上饮茶、闲聊,很是安适。一个六十开外的年长者,前来乞讨。我们照例不愿给钱。这是很正常的。按照过往的经验,如果不愿给乞讨者钱,就不理他好了,出口拒绝甚至请他走开,都不明智。当时我们就这么做的,只自顾自的喝茶来着。这个年长的行乞者并没有就此走开,几分钟后他说话了。十几年后,他当时的话,依然很沉地搁在我心里。这个行乞者清瘦、整洁,全无一般的衣衫褴褛,比起来他的"同行"多了些气度。他平缓地说,"你愿意给就给,不给,说一声"。我听闻,顿时愧然。是的,我有权利拒绝给他钱,却没有任何权利对一个在我面前的人明显地、直接地漠视和漠然，这不止是简慢他，更是冒犯他的存在、他的尊严。我后来明白，那句话，无关他能否要到钱，而是他守护其存在方式的内在尊严，哪怕他的存在方式是行乞。也由此，这句话，一直沉在我的心底。通常的看法，行乞已是很卑微及至卑贱了，可他，守了一丝别人不以为的尊严。

在我看来，一个人敬业，也是富有审美意义的。男人，因敬业而变得性感；女人，在敬业中拥有力度。这样，男人和女人，都各在其本性之美上添了行止之美、德性之美。这是他在另一层面由敬业而成“艺人”。

一个敬业的人，他由匠人而艺人，复由艺人而圣人。就是因为“安吾本分于素位”，守护且彰显至细至微处的生命尊严。这是将恭敬之心融入凡常劳作。曾听闻，一个公交车司机，因心脏病而猝死于驾驶席，却把车安稳地停在了路边。他用了生命最后的一点能量，保证了车上乘客和路上其他车辆安全。当时，他不这么做，谁又能指责他呢？他又何须顾忌这样的指责呢？他做了，守了他的本分，再简单不过的本分，安全行车。

此所谓凡常亦圣。

“最后一课·六句话”之

舍得即人生

这五个字，于成年人本不必再说了，都该是作为生活常识来看待的。还得专门说及，一来是“知易行难”，重申一通以强调一番，也是必要的；二来是内中深意，另行开释，也是有益的。

若说，“人生无捷径”说的是生命的方式，“敬业是美德”说的是生命的态度，“舍得即人生”说的就是生命的境界了，其中是含了四层不同的生命境界的。这四层，既算是由浅而深、由表及里，更是由眼下而未来、由年轻而年长。

人生有舍有得、舍得相济，算是笼统地、整体地说的。不同的人生阶段，舍得之间终究有所别。打娘胎出来，按“裸婚”的说法，是“裸生”，除了或响亮或不够响亮的啼哭，啥都没有就来到了这世上。一直到大学毕业，都是纯粹的消费和“消耗”；大学毕业，才开始“挣”的人生阶段。所挣者，财富、地位、名头，快乐、舒适、享受，等等。这个时候，“得”成了生活的目标、人生的主题。这是非常正常的。不过，也容易有问题。大学毕业，是真正的独立生活，父母的养育在物质上的责任是完全可以结束也该结束了，然而自己却几乎是在一无所有、“一穷二白”的状态。这个时候，会真正觉得生活的压力，就算已经有了一份工作。趋利避害的天性，在这个时候会表现为趋“得”避“失”，唯恐得之不多，唯恐有所失，由此不知其实也该舍或虽知而不肯舍。权衡、计算之心鼓得十足的，心态上很难容得下失、舍。可实际情形常常是，不管你是否愿意，有所得之外，总是时时让你有所失的。“失”的表现，也许更多的是得不到你急盼得到和你认为该得到的，而未必是少了你已有的。这样一来，就是你要“舍”下你心头上的“得”，并且最好是从容、平静、淡然地“舍”。因此，在你最需要有所得的时候，舍却是如影随形、“阴魂不散”般地嵌入你的生活。这个道理要是不明白，就会变得心太贪，至少是心过大，一味求得避失、只取不舍，完全悖逆了人注定是在取舍间选择的生活常态。只求取，不选择，不是真生活。若说等待是生命智慧，知舍、肯舍，同样是生命智慧。

对于这种舍得并存、得失两面的生活，心理感受上却可能容易以为少得多失。人的常性和天性是，对于已有的，每每迟钝甚至浑然不觉；对于得不到的或失去的，每每非常敏感，及至极大地放大了对舍或失的心理感受。易言之，幸福的时候不容易觉得幸福，而痛苦的感觉却是强烈、少有忽略的。一般来说，一个健康的人，往往不会觉得自己是健康的，到了哪痛了、功能有障碍了，这下“病了”的感觉、痛苦的感觉就很强烈了。其实，一般的“病人”，他的绝大部分肌体和功能还是健康的、正常的，可这个时候这些健康的肌体、正常的功能却往往显得退隐、淡去甚至不存在了，在的恰是那些问题、毛病。我数年前的一次经历，也正好佐证了这种心理上的常态。那天在家里居然摔了一跤，所幸远没有到“平地摔死人”的程度，磕断了半颗牙齿。在把牙齿修复整齐之前的那段时间里，舌尖所触，总觉得是“满口破牙”，无端别扭着。我是分明知道我不过磕了半颗牙的，心理感受上却像是那些完整的牙都不存在了，只有“那颗牙”在触动我的神经。巧的是，摔跤的隔天我受邀到一家民办学院讲座，不便改时间，只得“携了破牙”前去。其间我打趣自己，“半颗破牙引发的人生思考”。说的正是我们对于痛苦和所失的感受总是过于敏感、强烈，而相对迟钝于快乐和所得。因此，有时候我们是为自己所欺骗，为自己的感觉欺骗，平添了生活的挫败感、失落感，无法客观、准确地看待自己眼下的生活状况。

俞敏洪讲过一个非常启发人的故事。有一次在黄河壶口瀑布，他随手用空矿泉水瓶打了一瓶黄河水，很混浊。我没去过壶口，但是在壶口往上游约千公里处兰州所见的黄河水，已是足够混浊了。壶口之浊，只会更甚。这瓶浊水，放了几个小时后，让他非常惊讶的是，分了上下两层。泥沙沉了下部，上部是清水，清得他觉得都可以喝了。俞敏洪当时用这个故事要说的是，我们常常步履匆匆，没有让自己停一停、静一静，失去了分辨生活-生命中的清与浊的机会，将清的那部分隐没在浊中了。只有这么静一静，沉淀一番，生命中的清澈、美好才能够呈现出来，以让人多了赏心悦目、神清气爽。俞敏洪的这个故事，也可以从另一面来理解。生命中泥沙和清水并存，我们如何不是简单地只看得尘土，也看得甚至更看得清清之水？有一句话，在一本解说佛教义理的书上，“不管有没有云遮住，太阳都在那里，云不能影响太阳，但是却能阻止你看到太阳”。这话，和那瓶黄河水，一天文一地理，一抽象一具体，正可以相互参验；也因其抽象，自可从中领悟得更多些。

这几年，留心观察周遭人、事，再相验以自己的生活经历，益发明白一点生活的道理。人生在根本上是平衡的。人与人之间的差异，不在得失之多或少，而在所得和所失的不同。这些不同，分了内容不同、时间不同、方式不同。佛家讲轮回，分了前世、现世、来世，统合来说得失的问题。我无由及前世，无力观后世，只会按照人的视角，来讲这人在现世的得、获与失、舍的问题。古人讲人不能少年得志，我是非常理解和赞成的。年轻的时候不能“得”得太多，至少心态上不要一味求所得，心思上不宜一味在算计，做起事来不妨多问是否该做、愿意做。所得、所舍，顺其自然好了。“人算不如天算”一说，在今日看来也是对的，甚至今日看来尤其对。因为我们越发处在一个充满不确定性的状态中，生活中的变数大得超过了我们的“计算能力”。与其冒“机关算尽”的风险，不如干脆不“算”。善“算”固然是聪明，不算之算，毋宁是生存智慧。

我还试图引申开来理解人生。既然生命不脱舍得相济，而人常态上对于舍与失的感受又是更为敏感和强烈的，那么就径直认定一种生命特性好了。生命在根本上是痛苦的。而生命的意义，可以看作坦然承受和超越生命中避无可避的痛苦。或者说,凡常的生活,可能是难以坦然承受和超越生命中的痛苦,所以有无奈、消极、颓废,复由此心生皈依;而所有伟大的生命,则都是超越了痛苦的,不以常人之痛苦为痛苦,也不以常人之快乐为快乐。这样的生命超越,因悲天悯人而来,含了悲天悯人的情怀。

即便一个人全然求所获、所得,也还是要明白“舍后乃得”一端。这有两层意思吧。一是,得以舍为条件、为前提,“舍不得孩子套不住狼”“退一步海阔天空”说的即是。此时不肯舍,得也无从来,或不过无源之水。你越不肯舍、越不知道舍,就越不易有所得。二是,得必伴随了舍,此项之得必为它项之舍。一个人交游广泛,是“人脉”上的得,清静地独处却是难以再享受了;交游广泛,常常得了“便宜行事”,却也是欠了人情,“出来混总是要还的”。古人更是早用福祸相依把这舍得之间的关系说得透彻了。想明白这一点,也就知道有时看起来没有得,那其实也是免了舍。“不舍”,也不妨就当作一种得。舍、得之间,想个清楚,尽量做到“不以得喜、不以舍悲”,真个顺其自然,心中方是阔宽。不妨再以一层意思来充入舍后乃得四字。身上的病痛“如抽丝般”去了、更到了痊愈之时,那种舒坦、畅快,非是得了病之前所能感受的。只在这多少病过后,才强烈体会得出健康之为福、不病之美妙。此种生活常识,正喻示了人生至理。舍是由以映衬得的,不舍,即不得。

无论怎样把舍得相济和舍后乃得看到明白、透彻,并能够行止上奉做了信条,也还是“舍得分明”的,即把舍只当舍、把得只当得,终究不脱在舍、得间分了“泾渭”。若说这依然是在舍、得上执拗甚至“执迷不悟”,也不差。自然,人生历程、历练中,青年的这一段,能够知晓“舍得相济”和“舍后乃得”,且在行动上相应落实,也是很不错了。到了中年,于舍得之间,人生态度上或许能再进一层,不妨以为“舍即是得”了。舍得相济和舍后乃得,其实已是含了这舍即是得在内的,不过这样的生命理解和生命境界,非得人生积累到一定的程度,才可能体会得了,才可能在体会之后践行得了。此时,舍、得之间不再分界、相隔,而是互通、兼容。内心之中，由青年时的阔宽，进而到了中年的淡然。

大学毕业的时候，二十二岁的大姑娘，在一生最美好的年华中，每每顾虑红颜流逝、皱纹偷袭；二十二岁的小伙子，在一生最强壮的机能中，不多久便是慢慢少了精力充沛、手脚灵便、筋骨强劲。这些，都不必为之遗憾，更不该由此伤感。时间带走了这些肉身上的优势或审美上的满足，若没有相应地让生活在自己的内心沉淀下一些弥足珍贵的东西，才真正是可悲、可叹。我在四十岁后，要求自己做到“饮不伤身，虑不伤神”。这也算是生活在我内心的沉淀了。年轻的时候遇到生活中的难题，每每焦虑。此一焦虑，正表示生命尚在青涩中。所谓成熟，断不可理解为能力增强。表面看来是能力增强了，如物质上的积累、职位上的提升、声望上的显赫，实际上此时所要面对的问题也远非年轻时所可比。每个人一生的几乎所有阶段都存在“摆不平”的难题。成熟不意味着有能耐越过所有的沟壑，而是指面对难题时可以淡然处置，再不会焦虑、慌乱。生命中所期待和努力的是，年岁渐长，随红颜流逝、手脚迟缓而来的，该是内心的从容、洞达、澄明、淡然。因了这样的内心沉淀，舍、得无界、弗隔。其中不也含了舍得相济、舍后乃得的境况，却又大大超越了舍得相济、舍后乃得的境况？

人从中年到老年，生命的境界，又该从舍即是得再变而为舍其所得。

打个比喻。一个落水之人，此时若想活命，需当机立断将身上的金银财宝舍弃，否则只会更快沉入水底。这个道理当然是浅显的了，是否做得到大抵在心境上。有人惊慌，只顾张手乱抓；有人从容，快速弃物活命。生活中，真的落水者的确少数。不过，这个比喻，真正要说的是，一个人之所得，有时却是他生命的累赘。这些所得，或成了他前行的羁绊而难以迈步，或需要他严加看守而无暇远虑，或造成他深心处的极度满足而骄矜、倨傲。滚滚红尘，不如视为非水之水，我们做了落水之人却不知，为辛苦“挣得”的，羁绊、看守、满足，身心受牵连、束缚全不觉。一个人，纵然不肯真的行这“舍其所得”之举，总也还是该明白这一道的。人当盛年，“所得”既包含了“已得”，也连同了“唾手可得”。舍“已得”固难，不取“唾手可得”总要来得容易些吧。实际上却未必。可取而不取或少取，也可以看作“舍其所得”了。几人肯了？

若说盛年之时不肯舍，也是人之常情的。那到了快要人生谢幕的一刻了，肯舍了吗？记得是卡耐基或谁曾说到，“在巨富中死去是耻辱”。这话很可供中国人品味的。几乎所有的中国人，总极力遗产给子孙后代，自己可以辛劳、俭省到极致，要说捐了那是万万不能的。这种财富观，若以农耕的生活形态观照，实在可以理解，甚至合理。可到了如今，既然讲究个体生命的独立性，讲究自我成就、自我实现，“遗产”最可能成为“毒药”了。一个人，若想着他是“赤条条”来的，本就是“裸生”，在将要和这个世界作别的时候，把他后来所取的并且是没用完的，再还了回去，“裸死”，不也既显了人性的光辉，又合了人生结构上的对称？

这一番话说下来，从一个年轻人毕业跨出校门独立生活开始，就着舍、得，说到了人生的谢幕，岂不有些遥远，或者过于代沟了？因了这是“最后一课”，这些话，就是合适的，甚至是必要的。为人师者，没有说，或者不知道这该说，适成“师之惰”。我以为，老师教导、助成学生成长，是需要说全三句话的。第一句话，是学生听了后想一想能明白的；第二句话，是学生听了后要想很久才明白的，三五个月、三五年甚至十年二十年；第三句话，是学生听了后要想一生的，或许想明白了，或许依然没有想明白。这是因为，老师所言，不想即知，实不必言，断无助益。而有的话，需要学生日后随阅读的积累、人生的历练而感受、体会的。大学也该是向学生展现人类生活那些永恒的难题、困惑，不独一代人没有答案，千百年来也难有答案。从大学出来的年轻人，该知道这些永恒的难题、困惑，也乐意适当地有所思考。生命临终之时，还记挂着，识得自己的一生，也是汇入人类永恒的难题中的，“不亦乐乎”？

“最后一课·六句话”之

有个性，并请有教养

这个转型的时代，在八十年代中期出现了主体意识、自我意识，并且很快蔓延开来，加上经济转型和社会控制方式的转变，遂造成人们尤其是年轻的一代，讲究个性、张扬自我甚至自我中心。到了这十来年里，或许还可以考虑加上学校教育和家庭教育的双重失误这一因素，一个人每每唯恐自己没有个性，于教养一端则甚无所谓，及至为了显示个性而特意排斥教养。说这个时代产生了有个性没教养的一代，就算说得过了些，也是距实情不远的。若说是既没教养也没个性的一代，也是符合现状的。大学生中普遍的从众、随大流，不肯独立思考和自我省思，毕业求职中多是不充分考虑自身情形而一味挤入公务员之列的人生选择，等等，正是缺乏个性的表现。不论是有个性没教养，还是既没教养又没个性，正是和三十多年来中国教育所存在的问题相交错的。年轻一代的问题，自然不能简单地归结为他们的问题，而是社会和教育的问题，毋宁说他们自己本是没有问题的。整个社会和成年人，把他们的问题转移到了年轻一代身上。此适成这个转型的时代，为未来所埋下的巨大隐患。我曾以“青年之殇”来说这个问题，更认定这是殇于时代、殇于社会。

在追求或彰显个性时，对何为个性，却多有误解。几年前，我在福州，给厦门大学法学院所录取的某一级在职法律专业硕士研究生上课。有个女生，该是本科毕业、做记者有三五年的时间了，她进入教室的时候已经迟到了，我在讲台上讲着课。她进来，坐下，开始听课，很自如地吃起早餐。我自然不能接受这样的课堂情景，制止了她。后来，她也比较认真地用邮件向我解释她的行止，说是工作中常常没法及时进餐，养成了边工作边用餐的习惯。她也认真地说明这是她的个性所在。我回复她，这和个性无关，就算这也属于个性的表现，也未必是“个性至上”而可以弃置教养的。在教室里进餐从而把教室变做餐厅，是我这些年里时时可见的，而且是在研究生的课堂上。我向学生们强调，这所大学专门辟有餐厅，条件相当不错，供同学们安然用餐，不必也不宜再把教室演绎为餐厅。这只是很小的事情，却也不妨微中显著、叶上知秋。有意识地征询与我同龄或相近的人士的意见，每每有同样的看法，认为从工作上显得出年轻一代在教养上是有不足的。这当是很善意的提醒吧。

个性绝不是一个人倨傲简慢。一个倨傲简慢的人，是有意冒犯他人，可恰切地说成用钝刀伤人，于无形。个性也不就是轻狂张扬。一个有个性的人，一个显了他的个性的人，并不必定就要因此硌到别人，自己成了只刺猬。个性也不等同于特立独行、标新立异，一味地为独而独、为异而异。这座青山脚下、古刹之旁的芙蓉园，在蓝天白云下繁花四季、姹紫嫣红。芙蓉园里，最通人性的，是凤凰花；最优雅的，是吊灯花；最妖娆的，是三角梅；最有韵味的，是紫荆花。最具个性的，则是木棉花了。高大的乔木，三四月间，碗大的花火烈烈地绽放着。这花，是不需要任何装饰的，树枝上不现一片叶子。地上，落英铺满，余韵浓郁，与枝头的红，相应和、共气息。那种雄浑，那种昂然，那种遗世独立，无尽美意。也不知是蓝天白云、砖红瓦绿来衬它的，还是它以一派素红，与天地、屋宇遥遥而对、分庭抗礼。这么年复一年地往返于木棉花下，或远望或凝视那天蓝云白所映衬的气宇轩昂，焉能不明白，个性实在是极具审美意蕴的一份气度和特质。

这一份气度和特质，越过了手足何措的具象层面，而是关乎一己之内心。立身处世，不流俗、不盲从，不阿谀、不谄媚；能明察、肯辨思，分是非、别善恶；为其所当为，止于所当止，及至“知其不可为而为之”。一个人，若是内心里躲避甚至拒绝崇高、优雅、庄重、神圣，安于和乐于平庸、低俗、时尚、随性，何谈个性？这种与内心相关的个性，其极致，定然是内心的坚忍和持守。所谓“真性情也”。作为一个人的气度和特质，个性更是在年岁渐长后将少年的轻狂化为内心的孤傲，由此而将生命节奏演绎得淋漓尽致。若说人在年少时，多怀春、易轻狂，不仅无碍，甚至可喜。那是青春的律动，也是生命的欢愉。在这年少的怀春与轻狂中，生命展现出她内在的节奏。可多数的人，渐渐就在凡常生活中淡了这一份怀春之心，减了审美的意趣，沦为庸俗；失了这一份轻狂之气，绝了生命的动能，不过市侩。只有极少数人，我以为天纵奇才，依然在日久年高后将少年的轻狂延至晚年，行止上不免怪诞、离奇。或许可为这世上添个有趣之人，可终究看来是有点别扭、怪异的。这一类的人，算是一生以一样的调子行事，总是缺了节奏上的起伏、张弛、动静，殊为单一。固独，够特，却不易见审美上的意蕴。打个比喻是，一壶酒，劲烈有之，醇绵则无。若是那曾经的少年，就着岁月的冲刷、受着风霜的侵袭，却将生命中本原的、青涩的、单纯的轻狂，化做了内心的孤傲，在，却不显于行色，会是怎样的生命景象？该自有一种律动、张力，自有一种恬淡、安怡。因着恬淡，律动而不燥；因着张力，安怡而不疲。

在这个层面，个性，无疑是内敛的、温润的、谦和的。且谓为暗香涌动、静水深流。孔夫子释解“南方之强”，一所大学以之为高远目标，正是这一份内敛的力度。这么理解个性，就不再是和教养相斥的，也不只是和教养兼容的，而是一体两面的。一个人，若非将个性与教养成一体两面，如何？没有个性的教养，易退为怯懦和卑微；没有教养的个性，直如粗鄙、蛮横。作为大学之旨趣的健全人格，也可以理解为将个性与教养这两面，合于一体。有个性，并且有教养，两全，最好。退一步，宁可有教养缺个性，也要好过有个性没教养。对于学堂来说，学生只是有教养却无个性，那是学堂有缺陷；学生若是有个性没教养，那是学堂彻底失职。此中所含，也是独、群的问题。一个人独而不能群，或群而不能独，都是不整全的。大学在讲究个性养成的时候，所强调的，也是在群的生活中、在与他人的关系中形成个性的。这也是个性教育中的基本理念了。其意，固然指的是个性是在相互的参照中型塑和呈现的，我以为实际上还关联着个性乃是一个人以他的独特性与他人共处、融通，而非以他的独特性画地为牢、与邻为壑。

教养何所来？不过教、养二字。借前贤先哲之语，他教且自教，他养且自养。简而言之，又不过一修字。儒家谓“修己以安人”，已是说得明白、透彻了。称人修养好，即是认其有教养。这“修己以安人”，恰是道明了教养的两个维度。其一是教养于己的维度，修己；其二是教养于人的维度，安人。这叫“既修且安”，“以修得安”。照着这个来说，个性也是含了两个维度的。其一，是一个人的自尊、自重，在意和守护一己生命的独特性，不肯随波逐流、人云亦云，纵然人微力薄也能为所当为；其二，是一个人将自己生命的独特性呈现于他人，组成他人眼中生命世界的多姿多彩、绚丽斑斓。

教养二字，于小处说，该是从细节上体现出来的。一个有教养的人，一定是细节上能够把握得当、妥帖、周全的人。很流行一句话，“细节决定成败”。虽然不能找到统计数据来支撑，把这个命题变成实证的命题，却实在应该把这句话当作一种态度、一种据以行动的前提。可以把“细节决定成败”看作以略带夸张的方式，强调细节的重要性。或问，为什么细节如此重要，甚至有时候它真的涉及成败？在我看来，细节中藏了些相当重要的东西。一个能够留意细节的人，他是细心的。难以想象粗心之人可以把细节处理好。细心这样一种性格特征，对于做事、为人无疑大有益处的。日常生活和工作中，短信、邮件，报表、文案，既是做事又是为人，若是错谬、差误多了，显然是细节上不注意，定是无端地添了乱甚至坏了事。事情做得更工整、圆润而不是毛糙，与人相处更能够照顾到他人的感受，都和细心有关。此其一。其二，对细节的关注还可以表明一个人的敏锐。也难以想象迟钝之人可以把细节处理好。若说细心是性格特征，敏锐毋宁是属于行动力的范畴的。因敏锐而能从细节中把握机会，因敏锐而能在细节上防微杜渐，这会是怎样的一个人？敏锐于细节者，还善于借细节以增减行动上或语言上的分寸、分量，将融了婉转、含蓄、温和的迂回的语言策略乃至迂回的人生策略运用自如。这又何止行动力的问题？其三，一个将细节处理好的人，还由此体现出他的责任感，那种自觉的自我责任。细节大体上是不那么显眼的，因此是比较容易忽略的。一个责任感不足的人，纵然自己能敏锐于细节，却也容易因为知道别人缺乏他那般的敏锐而轻轻放过，以为自己可以乐得省心省力。肯在别人不经意处也做好，正是责任感所在。其四，包含在细节中的，该还有一个人内心的从容、镇定吧。一个内心里局促、慌张的人，如何顾得上细节并处理好它呢？这从容、镇定，该还连着气度、情怀上的昂然、阔宽吧。于是，一个人独特的气质、人格的健全，不恰在细节中映现了？所谓一滴水也可以折射太阳的光辉。通常以为不起眼的细节，竟然容了细心、敏锐、责任和气度。再来说“细节决定成败”，又有何夸张的？无怪乎有“为巨于细”的说法。

"最后一课·六句话"之

学会无知与敬畏

通常的理解是，大学传授知识，读大学是获得新知，个人由此新知可以便利劳作、免于恐惧、审思生活。说的不错，却也只是从一面来看的。

人类天性上虽有探索的欲望、求知的激情，无知却是永无法摆脱的。说无知是人类的常态，殊为恰当；有所知，不过是对无知这一常态的修正，有限的修正。与其说人类的探索、学习是要摆脱无知，不如说是学会无知。或者说，是摆脱先天的无知，而进入后天的无知；摆脱自然无知状态，以进入理性无知状态。这含了三层意思。第一，知道自己无知，并且知道何以无知。不妨把这当作老话"知其然，知其所以然"的另一种理解了。自然无知是不知道自己无知，或不知道自己为什么无知。能够准确知道自己的无知以及何以无知，当然是进步了。所谓"不患寡而患不均"，也可以改为"不患不知而患以无知为知"。得了一答案，以为万事大吉，是以无知为知。这是"尽信书不如无书"。在有所知后，以为自己其实是新生了无知的，是"知而后无知"。第二，坦然于自己的无知。自然无知容易导致陌生、恐惧，理性无知却可以消除随无知所来的恐惧，只因知道何以无知。对无知的坦然还包括不以无知为羞、为耻，而是乐意承认无知。有人害怕显了无知，总千方百计掩饰，却是更显无知。有人坦承无知，直如"知耻近乎勇"。若说前一项关乎个人的智识，这一点则是个人的修为，"知而不矜，无知不耻"。对无知的坦然不等于就失了新知的动力。一个只会掩饰无知的人，但凡可以掩饰就不肯求新知，所谓"学而为人"；相反，知而不矜者，内心里总不竭对新知的渴望，所谓“学而为己”。第三，由此心性上的修为，转到行动上，则能因无知而知所节制、自律，不盲动、不专断。一个对自己的无知有充分意识的人，他是知道自己之于行动的理据、行动的后果是不免所虑不周的、所谋不全的，由此须得谨慎而不贸然。这尤其体现出“理性无知”。纵然是满心善意的人，也需要谨慎、节制。这种心性与行止，正含了敬畏二字，因无知而知所敬畏。西人有言，“节制恰恰展现了伟大”。一个以无知为知者，但凭胆大，即敢妄为；一个对无知极尽修饰之能者，每每要以专断、放肆，做那“皇帝的新衣”。

敬畏与畏惧是迥异的人类心理。畏惧是人植根于生物性的心理反应，是环境作用甚至强加于人的。黑夜、强权都让人有所畏惧，却不成敬畏。敬畏是人的精神性、符号性的体现，是人之于外部世界的内在心理态度。这种心理态度，是恭谦和自我约束，超越了功利层面的利害权衡，其发自内心，甚至关联着对神圣性的认同。畏惧之心人人有之，与生俱来，后天所习只在计算利害的能力；敬畏之心，须后天养成，却又与计算能力无关。

人类文明关乎自然与人文两端，人所敬畏者则为天道与人道。康德所言，“有两事充盈性灵，思之愈频，念之愈密，则愈觉惊叹日新，敬畏月益：头顶之天上繁星，心中之道德律令”，即是。敬畏之心呈现于自然世界，是敬畏天道。所谓天道，并不简单等同于自然法则。面对自然法则小心行事，也还是和力量对比有关。敬畏天道是超越了自然法则的自觉的神圣性履践，不是在物—我两分、主观—客观两分的思维模式中看待自然世界。所谓“参赞化育”所含生命理解，就未必合于自然法则，却是中国式的敬畏天道。

几百年来，人类通过工业化将其“文明”中包含的悖逆自然之道的一面，演绎到了极端处。自然的内在平衡、自我秩序、固有意象，在全球范围几乎惨遭颠覆、分崩离析。每一个生活在这个由工业化构造起来的全球体系中的人，都该醒悟，今日的人类文明，是依循人对自然的掠夺和人类内部的相互掠夺的双重掠夺逻辑所建立的。为此，人类该对自然重新怀有敬畏之心；每个人，都该恭谦地面对自然，做一个自然主义者，尽管注定只是“不完全的自然主义者”。这意思，其一是，他在一己生存中致力于最大限度地减少对生命维持系统的压力，向自然之索取既不超过必要程度，向自然之“排放”也在尽可能小的范围。向自然的这一取一掷，极力节制，是对自然的敬畏。这般看来抽象的准则，实则也简单。具体到日用常行中，合了节俭的尺度，即是敬畏自然。节俭不独是节省、不浪费，也不独具有俭朴、简约这样的伦理上和审美上的价值，更带有神圣性的意蕴，是人以自律对自然的敬畏。不论结果是否真能矫治工业文明模式的固有偏差，敬畏自然之心、敬畏自然之举，却是不得不履践者。其二是，以最合于自然之道的方式生活。这一项，往略显形上的方面说，是何种生命形态问题。不妨单说很形下的“食物”好了。人类用吃来获取能量、以“大快朵颐”。所吃，通常以为“物”“东西”，不免谬误。在古人看来，“天有其时以化生万物，地有其材以养育万物”，算是讲的天、地在生、养上有别。不过，地之材，也是由天之时所来。星移斗转间，季节更替、时令变换，自然的能量也相应变化。不论蔬菜瓜果、鱼虾蟹蚌，还是飞禽走兽、虫蛇菌菇，物产的变动恰是这自然能量随星移斗转流替的具象表现。人按时令以食，即是将一己生命契入自然的能量流替中，使自己与自然融汇。古人称为“依时而食、不时不食”，该是“天人合一”的直接体现。这么的吃，已经不是吃“东西”了，而是吃时令，吃“星移斗转”，不妨由“时食”而再称为“食时”。星、斗不必吃，也不能吃，可其移、转却能吃，更该吃。这已经吃得很有气势了，吃在了宇宙的时间之轴上。这一吃，吃出了对自然的敬畏。可惜，非常可惜，工业化将食物的生产变成了流水线上可以解决的，将食物的生产变成了可以摆脱时令变换的约束的人类活动，一年之中就吃得没有季节差异了，也把敬畏自然吃没了。

敬畏之心呈现于人文世界，是敬畏生命，即敬畏人道。因敬畏生命而敬畏与守护生命尊严相关联的伦理准则。今日看来容易认为古人夸大其词的“戏比天大”之说，实当如此观之，因了“莫道是逢场作戏，即教我如何做人”。尽管在人类思考的深层，“普适价值”之必要与可能是一个须得谨言慎行的问题，但是就生活的基本层面，任何一个社会都需要一定的价值共识，以构造这一社会的有序性、追求其正义性。个人的安定、族群的繁衍、文化的传承，脱不了这一基础的。为此，人类于文明早期就产生了道德生活中的“黄金法则”，中国文化称其为“己所不欲，勿施于人”的“推己及人”之道。是与非，善与恶，必须或应当，是一个人眼中、心中不可模糊的，行止、进退引为凭借的。古训“勿以恶小而为之，不以善小而不为”，今日少有人肯奉行了。做学生的时候，纵然自己可以做到考试不作弊，却还是轻易地、毫无愧疚地为作弊者提供便利，以为义气、人情，却不知已经对善缺了敬畏之心；无关内心的实际信念，只是为便利成为公务员，也做了种种争取入党之举，却不知已经对信仰缺了敬畏之心。

所敬畏的生命，不止与己共处同一时空维度中的他者，也及于前人和后人。西人所言代际正义，也不妨此处释解之。敬畏前人，即敬畏前人的文化创造，那是他们的生命形态和当代留存，恭敬之、守护之、传承之，为“生生不息”。敬畏后人，即敬畏后人之生命条件，人文的条件和自然的条件。守护与传承前人的文化创造，留与后人，是敬畏后人生命所依凭的人文条件；敬畏自然，不干预天地之化生、养育之能，是敬畏后人生命所依凭的自然条件。也是“生生不息”。

古希腊时以正义、勇敢、谨慎和节制为四大美德，后来则有以谨慎为第一美德的。谨慎意味着有所敬畏，因承认有不可逾越的界限而敬畏，因承认自身固有的无知而敬畏。西方式的正义、勇敢、谨慎、节制，恰和华夏文明中所谓“有所为有所不为”相对应，正义、勇敢涉及“有所为”，谨慎、节制是“有所不为”；而道家所言“抱虚守静”，则是谨慎、节制的更抽象表达。一个怀敬畏之心者，在外向呈现敬畏时，也敬畏着他自己的生命尊严，否则他不过徒具肉身、唯余物欲，浑然不觉。生命之高贵，首先在其自向的、内在的一面，即是。

这个时代，将许多本是常识性的是非标准、善恶观念都颠覆了。背后所藏，正是普遍的敬畏之心的失落。百多年前，康有为称中国发生着“数千年未有之大变局”。如今依然还在这变局中的一个阶段里。各式各样的“冒险家”肆虐，已不限于当年的“十里洋场”了。一个冷静的冒险家，是彻底抛弃了敬畏的人。冒险家是依然有所畏惧的，却没有敬畏。这种没有敬畏的“冒险家行径”，又很有示范效应，带动和催生更多的“冒险家行径”。这般“冒险家行径”，其害其祸，并不限于毁公平正义、坏安定有序，而是击穿一个社会的生存底线，根本性地摧毁一个社会的内在生机。惟在一个人、一个集团、整个民族的普遍敬畏中，才能够保有一个社会的内在生机。这一点，是冒险家们及其效尤者所不知的。故而，他们的冒险，不是拿着一己的身家性命更不是只以一己私利来豪赌，而是以一个社会的生存底线和内在生机做实际上有亏无赢的筹码。这一点，也未必是普通的善良之人能够明察的。“重拾一个民族的敬畏之心”，该是今日每一个愿意严肃生活的人所必须认真面对的问题，其足以作为一种文化使命和时代担当。

唯有今时之敬畏，可安明日之生灵。

“最后一课·六句话”之

保持为心灵而阅读的热情与热切

毕业了，课业固然结束了，阅读却不能结束。这话其实也不用说，因为事功性阅读和娱乐性阅读的必要性依然在，这两样阅读做起来也容易。要说，一众同学，一起走出校门入了“江湖”，后来那或风华或蒲柳，或闻达或庸碌的区别，除了个人际遇相异外，也定然有一己之因。有些人，如当年高考结束时疯狂撕书毁册般，绝了读书的念头，再不肯在纯粹精神生活的意义上为心灵而阅读，读以明智、读以明理、读以明心。这样的弃书之举，实在鼠浅。一日纵然也闻达了，不过“赳赳武夫”。只要知道当年“吴下阿蒙”的故事，就知道使人广识博见、疏通知远、言辞雅致的读书，不可因毕业而不继。另一些人，大学之中养成了爱书之性，毕业了依然顺着这性子走着一生，倒未必以一己之身“达济天下”，也还是能让自己内心充实的、饱满的，复由此内心的充实、饱满而显相应气质、风采，所谓“腹有诗书气自华”。

很多人，这道理是了然心中的。只是，有时甚至多时却在无奈中。工作忙碌、生活劳累，大有压力山大、气不能喘之困窘、煎熬，再无可以读书以明智、明理、明心的时间和心力。实情也许确然。这个情形下，再声言、要求一个人“在纯粹精神生活的意义上阅读”，不免受“饱汉不知饿汉饥”之讽。不能感同身受，凭什么言之凿凿？如果生活的艰辛真到了这样的地步，手不能触卷、眼不得见文，读书无法作为具体生活的一部分，也是自然的。不过，手非卷、眼无文之外，心？保持为心灵而阅读的热情与热切！有此热切，内心依然有所承托，生活依然闪动亮光；有此热切，精神的余温仍在，生机的盎然蛰伏。

北宋诗人唐子西记述，“蜀道馆舍壁间题一联云‘天不生仲尼，万古如长夜’。不知何人诗也”。后来朱熹言：“‘天不生仲尼，万古长如夜’！唐子西尝于一邮亭梁间见此语。”且就着改了：

心中诗书绝，此生如长夜。

从悬浮式生存到诗性生存

这个时代的生命安顿

2011年的毕业季，我在图书馆的“人文社科实验室”做了“致毕业生”的系列讲座。讲座以“悬浮式生存——中国宏大历史进程中的个人窘困”起始，终于“诗性生存——一种追续文化传统的可能生活，中国人的生命安顿”，中间则将2009年的“最后一课·六句话”改为“半生六言”(上、下)。图书馆的“人文社科实验室”是一处颇为独特的讲座场所。三楼宽敞的书库辟出一部分，就着一架一架的书，摆了大约七十张沙发椅。这么的以书为伴地言说、听讲、发问，何其乐哉。也许是托了这场所别致的福，这个“致毕业生”系列，这回能不虚一座了。这篇“从悬浮式生存到诗性生存”，是将两个讲座的思路合一以成文。

——题记

世风人心今如何

当代中国从1978年改革开放之始，迄今已三十多年。随改革开放而来的社会控制方式的转变和新一轮的“西学东渐”，造成中国人的个人自由大幅度扩展。若说这是一个颠覆式剧变的时代，在个人方面所体现的，恰是从“前78”时代的铁桶般的社会控制中个人自由的丧失殆尽一变而成无所畏惧、为所欲为的“个人自由”。这无疑是病变式的和病态性的变化。个人自由本该带来的生命的快乐、高贵，于这个转型时代实难轻言。普通之人，身处变局之中，“自由了”的同时却不免相随以茫然、不知前路。

这三十多年，也足以新生整整一代的中国人。“后78”的这一代，比起其早一代的中国人，因高等教育的普及和中国融入全球体系程度的提高而具有更开阔的视野，更少历史负重，几乎能够免于意识形态的桎梏，更具有自我意识，也更具有个人选择的余地。可是，伴随着这些本可能给个人带来快乐、幸福的情形，却是年轻一代深深的不安、焦虑甚至煎熬。为什么？

不难看出来的是，这个时代普遍地心灵苍白、脆弱。文化生活中躲避甚至拒绝崇高、优雅、庄重、神圣，安于和乐于平庸、低俗、时尚、随性，足以见之。“心灵鸡汤”之说，也映现了时代心灵的苍白、脆弱。由此心灵的苍白与脆弱，进而产生无力与无助感。庙宇香火旺、教堂祷告起，正是在“宗教自由”的官方政策背后伴随着普通人的心灵求助。然而，“皈依”二字，真敌得“晚来风疾”？普遍的精神层面，复由此而无奈甚至煎熬。任何一个肯直面这个时代而审察明辨者，如何能够无视或回避这般情形？苍白、脆弱，无力、无助，无奈、煎熬。在此无奈、煎熬中，有的人消沉、颓废、卑屈，有的人却放弃是非、铤而走险。如此，何来生命的快乐与高贵？再问，为什么？

只因唯利为求。功利跃升为这个转型时代的第一位甚至唯一性的行为取向。不独个人行动如此，政府亦共同演绎着此一行为动因。由逐利而浮躁，浮则虚。奢华则是唯利为求的必然表现，是其极显形态。功利之心一旦演变出虚浮，内心与行动上的谄媚则势所必然，对权力资本、对财富资本、对文化资本的谄媚。这个时代再不能见“文官死谏”的“古仁人之风”，即是谄媚风行的明证。不仅官场上“万马齐喑”，学术领域也是几如死寂。

功利、浮躁、奢华、谄媚，大而言之是一个时代的问题，小处以观是个体生命的窘困。可否寻得摆脱个人困窘的心路？

千年变局落一身

晚清以降，中国进入一根本性的大变局中，自不待言。敏锐如康有为者，即以为这一变局甚至在数百年前的明中叶即已开始，并不待鸦片战祸。不论此变局始于何时，今日以观，五千年中国文明，实处在春秋战国之剧变后的又一次剧变中。“变化正在发生”。

当此剧变之局，有以为中国在明清即有“资本主义萌芽”的；有以为十五六世纪甚至更早的时候，中国即已开始其自身的“现代化进程”。如此，若非为西方的钢铁强势强行导入现代世界体系，中国历史自身也将“合逻辑地”走向“现代化”。其中隐含着西方文明模式具有全球性的普适意义的看法。这却是必须慎察的。如果考虑到西方的现代化进程是建立在分析、实证科学的基础上的，而中国自来缺乏这样的思考方式与由此构造的将外部世界对象化的知识体系，实难断言中国也能有自生的西方式的“现代化进程”。故而，百年中国历史，乃是受外力强行纳入西方主导的世界体系的。这自然是个极大的话题，只能略过。

从传统农耕社会向现代工商社会转向，是百年中国变迁中最明显的。中国固有的文明模式中内生性地形成的制造业、金融业，在二十世纪中国面对西方生产模式而一触即溃，今日只某种特定的遗存形式呈现给世人的。这正是向现代工商社会转向的结果。我概括为“百年中国，分崩离析”，属于二十世纪中国全方位的、整体性的革命，在政治领域、文化领域之外的具体表现。在历战火熔炼、饮金元硝烟之后，进入二十一世纪，这个泱泱古国大抵从世界体系的边缘性角色，进入到世界舞台的中心区域，从“跟着玩”转变角色而“一起玩”；在倾力的、不假思索的工业化之后具备了与西方世界的钢铁均势，得以从殖民体系中摆脱出来(却未必从殖民逻辑中摆脱出来,此为问题的另一面)。

从熟人社会向生人社会变迁,则是现代工商社会之另一面相。分工、专业化、流动性,决定了一个人时时处在陌生人的汪洋之中,真正是“人生何茫茫”。此种社会结构的变化,要求构造社会秩序、保障社会正义的机制和要素的相应变化。“法治”渐渐成为社会共识,与此相关。这个转型社会的城乡二元结构,其实也可以看作生人社会与熟人社会并存的二元结构。这使得人际交往存在两种“游戏规则”,且每每使人感到“规则错位”。这也映射出转型期新旧杂陈的整体情形。普通之人,不适感、应对失措在所难免,茫然、慌乱、恐惧也非为无由。

生人社会摧毁了血缘共同体、地缘共同体,在宗教的神圣性消解之后信仰共同体也极大弱化了,于是所有人都被结构进一个大的社会共同体—政治共同体。西方社会学将这样的变化概称为“从共同体到社会”。这个变化并导致个人在社会生活中的凭借发生大的变化,一个人变得更多地依赖于智识性资源,传统的与血缘和道德相关联的情感性资源、与信仰为核心的神圣性资源淡出甚至丢弃。可以将主要依赖智识性资源的生命形态称为“智性生存”。对知识和教育的功利主义和工具主义态度,以及由此将消费主义引入高等教育而造成“可消费的大学”,是“智性生存”的必然结果。这个变化,生命形态转向“智性生存”,在进入九十年代中期后更为快速。

尤其自八十年代中后期以来,社会结构的变化和西方观念的引入,个人的自我意识也在快速生成与强化着。“主体性”一词,即此观念之凸显。此中又强调“本质力量的对象化”。当年很具有冒险性质的黄河首漂、长江首漂,几成公共事件而非只个人行为,即是自我意识生成与强化的表现。对极性的、颠覆式的剧变,在此处也体现出来。个人从淹没自我地承担公共责任的雷锋、金训华式集体主义价值观中彻底摆脱出来,对极地以放弃公共责任、但求一己之利的方式凸显自我意识。前种情形中个人近于奴化,后种情形中个人却又尽显物化,从而很快就将“智性生存”极端化地演绎为“物性生存”。个人主义和自我价值,并造就了生命个体成为“孤独的个性建设者”。这若算是由“现代性”所造出的标签,拿这个标签,贴在“后78”的一代中国人身上,岂不也恰切之至?

有敏察于这个时代者发现,个体变得不得不以“普遍的各自为战”应对和承受社会的、政治的和文化的系统性矛盾与压力。“强拆”与“抗拆”之间的反复角力,“抗拆”者的自伤、自戕式反抗,后世史家或可照着那著名的“羊吃人运动”而称其为“房吃人运动”,最是淋漓尽致地展示了“普遍的各自为战”以面对“系统性矛盾与压力”。这一极端性的悲情与悲剧,凸显了“千年变局落一身”。

生命也如叶飘零

这一群“孤独的个性建设者”,却又是在这个新旧交替的时代里悬空性地孤独着,演绎出“千年变局落一身”的另一面的悲情与悲剧。

农耕时代,一个中国人是生活在家族这样的血缘团体中的。“人在家族中”,固然是将个人淹没在家族中了,却也使个人身、心俱有所安顿。弗罗姆在《逃避自由》中所指出的人的向往自由的天性的另一面,渴望归属和认同,恰可以在血缘团体中得到中国式的满足。1949年革命成功后的乡村改造,服务于快速工业化目标,充分、有效地实现了在一个政治共同体内部的全面、彻底的政治动员,而这样的政治动员又直接着落于个人。在以政治力击碎家族制度的基础上,个人从血缘团体中拽出、剥离,直面政治国家。传统中国个人之于家族的人身依附关系固然打破了,但是基本上为另一种人身依附所代替,个人之于政治国家的人身依附关系。“前78”时期,这一面的人身依附关系,呈现为“人在单位中”。“单位”有不同的规模、形态,机关、工厂、公社等。即使是从事最个人化和最空灵性的精神活动的作家、艺术家也都必须是“有组织的”。单位,不仅是职业所在、福利所出,更是政治力的具体化,是权力规训个体的直接形式,直至侵入私人生活的所有层面,包括对婚姻的干预。进入转型期,“人在单位中”

渐渐逆转，这一面的人身依附关系也瓦解了。今天的个人自由，因摆脱了人对于血缘共同体和政治共同体的依附关系而来。自然，依附关系的瓦解带有裂变性和外生性。先是个人被拽出家族中，而后是被甩出单位中。几乎没有个人选择的余地，也几乎没有足够的过渡。这样的剥离，能不使个人顿失依靠与归宿？且将此种情形，称为关系性悬空。

在西方的现代性模式中，由个人主义衍伸的，是经济上的资本主义（自由市场）、文化上的科学主义（理性与批判）和政治上的法治主义（民主、宪政、人权）。正是依凭法治—宪政体制，个人得以对抗政府，尽显其公民身份。就我们这个时代的个体生命与政治系统之间的连结，或谓："个体的人类犹如植物一样，从世界以及与世界相关联的地方、家庭等中被连根拔起，从而可以更直接地交付给社会与国家来使用。"这是问题的一面。另一面是，生命个体在直面政治国家时，还远不具备充分的公民身份与制度能力。在当代中国社会转型中，比起经济和文化两个领域所发生的巨大变化，政治领域的法治化进程最为缓慢，制度性变迁的幅度也最小，"法律限制权力"这一法治的内在逻辑践行得相当有限。法治的另一项题中之义，人权保障，观念层面是只在九十年代中后期以来才成为可以公开和正面谈论的开放性话题，制度性的践行离人权保障的内在要求更是相去甚远。转型社会的特点，既有秩序弱化甚至崩塌，新秩序却是"犹抱琵琶"，当下则体现为生命个体无以获得充分的制度性安顿。此造成个人的悬空性，制度性悬空。

转型中国几乎造成既有的价值体系的消解，信仰与理想对于生命的支撑与心灵滋养在这个时代里没有了。个人主义作为一种价值体系所内含的合理方面，未必显了华彩；其固有弊端，却是尽释无遗。个人主义产生两方面的消极后果：其一，如泰勒在《现代性的隐忧》中认为的，个人主义价值观虽然给主体的自由开放了很大的空间，但同时个人也失去了其行为中更大的社会的和宇宙的视野，以及那些更高的目标感。其二，如陈赟所言，"相对主义的威胁也深植在个性的要求之中：当每个人都被赋予以自己的方式追求独特生活方式的权利时，以自我为中心来衡量有价值的生活方式也就不可避免。于是，个体不得不自己确定自己追寻什么，而他人却无与其间。于是我们看到了共享的、关系性的概念在精神生活中的逐步淡化，与此相关的是现代精神生活范式中个人内在的孤独感受……我们看到了对孤独自我的变态的、自恋的、可悲的专注，个人沉浸在渺小和粗鄙的快乐中，没有激情与抱负，仅仅追求可怜的舒适。生活被平庸化和狭隘化”。这正是新旧之交的价值重构中的实际情景。

晚清以降，中国恭谦地扮演着西方的学习者的角色，“向西方寻求真理”成为普遍共识，并由此造成整体性的文化自卑心态，延至今日。贯穿于二十世纪始终的“文化革命”，适成这个民族整体性的文化断裂。于个人而言，则是处在文化断根状态，缺乏文化自觉、文化认同与文化归宿，难以甚至完全不能从自身的文化传承与精神血脉中获得生命必须的给养。钱穆先生倡言，“国人对国史当怀有温情与敬意”，当下大抵是没有的，有的顶多是拜畅销书和《百家讲坛》所赐的对于“过去的事情”的好奇。此即一斑。由此信仰坍塌与文化断根，内心的充盈与高贵自成无源之水，足成精神性的悬空。复以此面对一个强大的政治国家和充满不确定性的生活场域，生活的艰辛、煎熬，生命的卑微、轻贱，自然是相随而来的情形了。

以个人自由为核心的个人主义，不仅内含自主、自决，也少不了自我责任，其中包含了自立、自省、自行承担选择与行动的一应后果。“后78”这一代的中国人，是在一种我称为“中国式成长”的状态下长大的。“中国式成长”是一种依然使年轻一代没有真正完成人生的“断奶”、也拒绝主动“断奶”的成长。对身处个人社会化过程中的年轻一代，学校教育缺少心灵关怀。不将逐利动机着落在学生身上已经算是“很道德”“很仁慈”的了，可是如果细察深思的话，整个教育体系对于年轻人所造成的智力扼杀、人格扭曲、个性压抑，如何能否认？是否该坦言，这个转型社会的教育，这个文化意义上的民族与人类的自我繁衍体系，实在是整体性地失败了？如果真是这样，那么每一个为人师者，难辞其咎。要说这是为恶一时、作孽后世，也不算夸大之言。家庭之中，“最早的老师”，父母，也许他们自己在这个剧变的时代就已经应对失措、自顾不暇了，无能、不愿给予家中少年所必须的成长中的心灵关怀，也是在所难免的；就算那尽心、尽力的父母，按着他们身上的生命理解和生活态度，又每每不知道如何让孩子以独立、自省和自我责任的心态和能力面对未来。爱而溺之。他们不知道在精神和人格上为孩子断奶。而观之于年轻一代，他们过于自爱了，自宠得不行，也是不知、不肯以自立、自省、自觉的自我责任要求于自己。此或许可以称为在社会转型期中形成的自我意识的不完全性：强调个性、自我价值、自我成就，尚未将自我责任与由自我责任内生的公共意识包含在自我意识中。他们有意、无意地拒绝在精神和物质两个方面的断奶，“啃老”是具体表现，不肯独立面对与承受生活的压力和艰辛而鸵鸟般地逃避所集体性地催生出考研热是另一具体表现。由此不断奶的“中国式成长”所造成的困扰甚至人生悲剧，是需要两代人共同承担的。“啃老”即是年轻一代对父辈的“反噬”，而不是“乌鸦反哺”般的感恩与德行。这又何尝不是整个社会的悲剧？又何尝不是为整个民族未来的生命埋下隐患？

因缘际会，生命无根？何处安顿，如何安顿？

歧路欧美何足道

“现代性的断裂”是西方人在自身的文化体系中对其文明模式的批判性反思。若以中国人的文化视角，在剥离文化自卑、力避文化自大之后，审思今日欧美主导的全球体系和文明模式，却是另见玄机。

工业革命意味着欧洲对能源与动力的革命性发现与使用，这对人类文明产生了全局性的和彻底性的影响。地表上循环的、可再生的人力、畜力、水力等不再重要了，掘地而来的矿物能源不仅“光彩照人”，而且惊天动地，主导并最终主宰了这个全球体系,“为信仰而战”让位于此起彼伏的“为石油而战”。西方世界由此获得了全球范围的钢铁强势并致力于维持这一既有强势。须知,使用和依赖不可再生的矿物能源,将自然在其以亿年计的自我演化中形成的固有形态,损、毁于旦夕之间,所含的十足是掠夺逻辑,人对于自然的掠夺。岂不“有干天和”?如果再考虑到工业体系对能源与动力的贪婪到了采取核裂变的程度,那么这已经不止是“有干天和”了,而是根本性的逆天行事。在这一盲人瞎马奔悬崖的“文明”模式的背后,是对行动的有效性的狂热的、无度的追求,合理、正当全然不顾。本来,人类生活中大到政治制度的构造,小到普通人的日常交往,都是力求在有效性与正当性之间的兼顾、协和的。早有明眼之人,认定今日的全球体系实为全球殖民—掠夺体系,既有空间维度上欧美对于非欧文明的掠夺,复有时间维度上今人对后世的掠夺。故而,基于个人主义和社会达尔文主义的西方文明模式并不具有全球普遍意义。盛洪在《为万世开太平》一书中,即将此一智识清晰呈示。却是不够。掠夺行径,不止施行于人类同胞,也施加于“皇天后土”。人对人的掠夺和人对自然的掠夺,相互缠结、一体两面。古时张载即言,“民胞物与”。观之于当代的文明体系,恰是南辕北辙。百多年来,我们总以为“落后了”,并由此注定就要“挨打着”。殊不知,东方之族曾经屈辱,未必是因为亏理,不过是少了钢铁强势而弱力。今日看来,实在像是华族眼拙,执迷不悟;以为文明,邯郸学步。

这样的工业文明,据称是科学的胜利,是启蒙的胜利,是人文主义—人本主义的胜利。此所以言“现代性的断裂”。随着这些胜利,并表现这些胜利的是,科学代替了宗教,世俗性代替了神圣性,智性生存代替了神性生存,纵欲代替了禁欲,最后智性生存极端化为物性生存了。将知识工具化即物化,从而知识使用者自我物化这样的情形,正是物性生存的最隐蔽表现。张光直比较东西方文化,认为断裂性、跳跃式是欧洲历史进程的特点。此一从神性生存向智性生存的演变,即属于“裂变”,可视为将形上与形下相互区别且相互对立的生命理解。

此中所含的二元论，本也是欧洲文化的特质。不过，造成历史进程的裂变而看来是非此即彼的二元论，即一分为二，内里还是含着某种同质性的。否认人在现实的“此在”的积极意义，不仅不肯定现实人的正面价值反而极力贬斥人现实存在的意义，以原罪来界定人，是神学体系的基本点。所谓“天堂谪客”（庞朴语）。法治—宪政体系提供个体生命以制度性安顿，不论法典化运动时期对理性的痴迷与自负，还是判例法体系强调法律乃人为理性，都显示其与科学体系崇尚理性一脉相通的，共同构成生命的智性生存形态。人性恶，“他人是地狱”，恰恰是法治体系的前提性预设。以中华文化的立场，自不免要问，生命个体在此在世界中只能这么来理解和看待吗？此其一。其二，既然此在世界中的生命是无意义的，甚至是“反意义”的，那么生命的意义就只能向未来去寻求。只有未来才是值得“过”的，每一个未来都要比现实的此在更有意义、才是进步的。这样一种单向、线性进步观，竟然为神学体系和科学体系所共有。克尔凯郭尔认为，生命境界可分为审美的、伦理的、宗教的三个层面，伦理的高于审美的，宗教的高于伦理的，皈依上帝才是生命的终极甚至唯一意义所在。达尔文以进化论，揭示了生物世界在线性时间之轴上的“进化”，从低级向高级；唯物史观则试图提出一种规律以表明，生物世界在进化出人类之后，人类又是如何进化、为何进化的。一般的理解，生命是存在于相应的空间和时间维度中的。历法即是生命的时间维度。中国自来的历法，不论叫阴历还是农历，都是循环记时的，天干地支六十年一甲子，而且以二十四节气体现的阳历十足是“以人文契天文”。西人历法，以基督为准，分了“公元”和“公元前”，不仅是单向、线性的，更是“以天文契人文”。此在的生命在这个时间之轴上并不重要。同样以中国人的立场，难道不该问，生命的“时间计量”只能如此地弃了“农历”而把西元作“公历”吗？难道不更该问，生命只有在单向、线性的无限未来中才能获得意义吗？

我自造了这个词，“悬浮式生存”，以描述转型社会的生命形态。后来才知道，居然也有一个美国作家，用同样的词来表达他所理解的（西方）现代性中的生命个体的存在形态。不过,他以为这样的生命窘困是无法摆脱的。我却以为,所谓无法摆脱,是在西方文明的体系中,在将神圣性与世俗性极端化的取向中;若是脱出西方文明体系的羁绊,生命安顿或许可以"一阳来复"。

诗性生存续传统

当代史家有言,先秦的中国,是"中国的中国";至晚清,为"亚洲的中国";正在进入的是第三个历史时期的中国,"世界的中国"。或许,不妨参照着换了说法。先秦的中国,是中国文化的自我生长与成熟期;秦汉以降,是中国文化在佛教的"西法东传"下与一套神学体系的冲撞、对话与融合,结果是正如嵩山的一座造像所展现的"一体儒释道";已历百年的大变局,是中国文化再一次与外来文化的冲撞、对话与融合,是融合了神学体系之后的中国文化与科学体系的融合。刚刚开始,正在进行,远未结束。不同的是,上一次的文化碰撞,不产生孰优孰劣的文化比较;此番与科学体系的碰撞,相随以西方的钢铁强势,遂在文化碰撞中产生中国人的文化自卑。如果在历经百多年的生死存亡与心灵煎熬后,中国文化能以平和、宁静、审慎、理性之姿态,吸收、融合科学体系,必能再造中国文化之新,以贡献于人类与"天下"。其于中国文化固然意义重大,更是具有全球性的文明再造、文化再生意义的文化融合。此为"世界之中国"也。诸君拭目以待,诸君共同努力,诸君勉力前行,为华夏,为寰宇。

自我长成的中国文化,是否包含了宗教与科学于其中,向来是各自仁智的,只能按下。我以为,中国文化的独特性,因此其于未来人类文明所能独特贡献者,恰在于她不含有神学体系与科学体系。中国自生的观念—思想体系,是有别于乃至迥别于神学体系—科学体系的。按李约瑟和黄仁宇一起提出的观点,"中国的思想家更倾向于将宇宙视为有机统一的整体,而在要对宇宙各部分的内部机制加以分析时畏缩不前,并且一贯拒绝在精神和物质之间划出清晰的界线",与此相应,则是中国文化因不将形上与形下截然两分且对立而避免了极端。中国式的生命理解和生命安顿，与此关联极为密切。据此以观，西方式的神性生存和智性生存，在中国历史上既不存在，在今日的社会转型中也不便、不必一味地邯郸学步。

宋代僧人惟信，有一段几乎周知的话，说的是生命理解上的三种境界。最初，山是山、水是水；之后，山不是山，水不是水；最后，山还是山，水还是水。这是“向来路返回”的抽象与超越，也就是不避、不弃形下与凡俗的抽象与超越，是“返回形下”的抽象与超越。这与从人到神、从形下奔向形上、从此在去往未来的单向、线性生命观显属不同，姑且称为循环论的生命观。在中国人的生活中，春耕、夏耘、秋收、冬藏，每一个季节一环节都有其自身的意义。由此，枯与荣，循环往复、生生不息，也正是循环论的生命观的体现。更为诗意的表达，则是“化作春泥更护花”。这种对此在生命的价值的积极的、充分的肯定，原典性地以“参赞化育”为表达。“天有其时”，以化生万物；“地有其财”，以养育万物。人虽不能化生、养育，但是可以助力、参与这化生、养育之天地“大德”，此为“赞”。由此实现个体生命的固有价值，并由此而与天、地并立、鼎足成其三，此所以“叁赞化育”。这是自觉的自我宇宙化的生命理解。若说西方现代性中的个人主义“丧失的不仅仅是他人与社会的视野，而且还有宇宙图景”，中国式的生命理解恰是内含了这样的“宇宙图景”。这样的生命理解，既不是否认此在生命的价值而贬斥之，也不是简单地迁就此在生命的现状，超越，却不弃置基本与始点。

这种将形上与形下相粘连、在形下中勾连着形上的生命形态，是区别于神性生存与智性—物性生存的另一种生命形态，诗性生存。这样的诗性生存，甚至是中国文化中“普罗大众”所实际展开的生命形态。“耕读传家”最是典型、充分且普遍了，是在形下的具体、凡常的劳作中抽取超越性的、灵动的生命元素，将形上与形下相统一、相融贯。“高山流水”故事中的钟子期，以樵夫而识琴音乐韵，令“职业音乐家”叹为知己。十足是“耕读传家”的艺术再现。年前偶遇福建的屏南县漈头古村，竟是得了这“耕读传家”的典型个案。

这个村子如今已列入“中国历史文化名村”，算是文化传承得以较好留存的一处所在。当地正有退休官员自办了“屏南农耕文化大观园”。一户人家中有联：“一帘花影月明初，四壁书声人静后”。这意境，实在是雅致、悠远。村子里行走，“文魁”的牌匾随处可见，计有几十块之多。这类似于今天的“三好学生”奖状。在古人看来，读圣贤之书，乃是身心修炼。朱熹就尤其如此主张。这个村子，自来还有好武之风。屏南农耕文化大观园展出一方木刻，正是两人拉开架势对练，画面不仅显示所在为田间地头，更有以锄头为器械者。这一下是把形下—形上的通联与融合演绎得既独特又淋漓尽致。武为防身健体之用，故属实用的、具体的、形下的；此中对于生命能量之演绎，又焉得说没有形上的内涵？又有甚者，“武”与“舞”当有所通的吧？二者皆为身体的造型并以节奏—韵律运动其造型。其所别者，武重力度，舞含柔美。此柔美乃相对力度而言的，不排斥舞中的刚劲；而武术中也有将柔美演绎至极致者，太极拳也。《说文》释巫为：能事无形，以舞降神者也。故可知舞蹈最初是通神的和具有形上意味的。武术又不止于力，更是德、礼，是武者的自我修养与克制。

李泽厚明白地指出，“中国传统之所以是乐感文化，除了它以人生(亦即一个世界)为根基，以实用理性为途径，以肯定、追求生的价值和意义为目标之外，而且它所讲求的‘乐’又仍然具有形而上的皈依品格。此‘乐’是一种宗教性的情感”。他又另有言：“审美在中国远不只是指感官的愉悦，而且也可以是与神沟通的最高的精神享受。美感分为‘悦耳悦目’‘悦心悦意’‘悦志悦神’三个层次。那最后一层便包括宗教体验和宗教情感。”虽说尼采早已主张要以审美的方式而非理性的方式来看待世界和人生，我以为，不过至多命题相同，而由来、取向依然大有其异。

如果说，有一种神性是与形下相对极的，是抽离了形下、不以形下为承托的抽象性、超越性与空灵性的生命态度与生命形态，那么中国文化当是包含着另一种神性。再借李泽厚的精妙解说：凡俗世界多所约束，“使人生无意义、世界无目的确乎展露得突出和凶残。中国传统也并非不了解这一点，但由于人总得活着，于是才在否定现实的真实性之后，又仍然去寻觅和肯定这个世界，并把这寻觅和肯定就归宿在这‘空而有’即虚幻与实在的重叠交融之中。在这个既空又实在中去把握人生滋味，使个体悲剧性的生存充分绽出。‘空而有’因未全废人际情怀而不枯寂冷漠，因为死守利害因果而不丑恶俗腻……人生总有苦乐悲欢，安得无情，度此岁月？就看你的情感能否既实实在在又洒脱空灵了。这里，生活即艺术”。古人有“应物而无累于物”之说，妙极。既非斥物、弃物而无物，使生命无根基、承托，又非局限、羁绊而“唯物”，令生命无超越、空灵。

此种形上—形下粘连、融通的诗性生存，既是“在返回中超越”，也堪为“内向超越”之一折，相别于西方文化中的“外向超越”的中国式生命超越。

在这个转型的时代，倡言诗性生存，以追续中国文化传统而获生命安顿，乃是以中医的法子解决生命的生机与康健，即激发和调动来自中国文化机体自身的机制与能量，较少为外借之举，更不寻求外来人为能量的替代。所谓“人有病，天医之”。当下之“人病”，须以追续文化血脉为救治之策，而此文化血脉，于孔子也不过是“述而不作”，乃是“天道”。

这样的生命安顿，不独需要眼力，也需要心境、情怀。这个极显物性生存的时代，这样的眼力不足，这样的心境与情怀更缺。那么，借政治家的说法，“一部分人先富起来”，希望能够“一部分人先安顿下来”。

内心澄明可坦滄

在这历史剧变的时代，焦虑甚至煎熬在所难免。个人之自处，在于：知一己之煎熬，且知道何以煎熬；坦然于身心的煎熬；以最可能积极的心态与方式安顿身心。但愿人人得以明辨“生逢其时”与“身”逢其时，此非一己之无奈，乃是时代之常态，既来之则安之。

既如爱因斯坦所言，一个人在纯粹个人经验的狭窄范围内难以获得安定与宁静，那么以宏大的视野看待中国“千年未有之变局”，深知一个人正以一己之微薄见证、亲历和参与这宏大的历史进程，或许可以获得生命的开阔感。在这生命的开阔感中，纵使依然不能“解决”问题，总还是没有放弃对问题本身的把握。问题在当下不能解决，并不意味着未来也不能解决。努力以冷静和冷峻把握问题本身，自是为将来寻求问题的解决预为铺垫。

跋：毕业季，敬谢学子

学子毕业，师者最该说的，是什么？

祝贺同学们吗？这自然应该。可是和同学们发自内心的喜悦相比，老师的祝贺不免单薄，也显程式化。

祝福同学们吗？这自然应该，但也不是最应该说的。美好的祝福，可以让同学们欢欣步出校园。可这些祝福面对真实生活，固有其脆弱。

叮嘱同学们吗？这也应该说，但还不是最该说的。所有的叮嘱乃至告诫，本该在过去伴随着学业，说与同学们的。何至于到了毕业还要如此唠叨？岂不说明之前做老师的履职有亏？

毕业时，最该和同学们说的是：谢谢同学们。

向来都是学生们恭敬地致谢老师的。这是人伦。做老师的，也该向毕业的学子致谢。这是天理。何出此言？又何所谢于学子？

一谢同学们顺利毕业

毕业了，便是老师可以卸了对同学们的学业所承担的责任。这份责任，原本极大，大如天。教育，于微观层面，是个人之心智成长、人格健全；于中观层面，是国家、族群之兴衰；于宏观层面，乃是人类文明之传承与成败。为人师者，于此不仅要兢兢业业，毋宁还要如临深渊。直到学生毕业，方好从心头卸下这千钧重担。缓一缓，回过身再挑起这份责任。

二谢同学们以学业助成老师之修行

总有那么多同学，聪颖智慧、勤学好问，考较着老师们的学养，不敢懈怠；检验着老师们的思虑，不敢粗疏。也总有一些同学，因年少而有所淘气甚至任性，挑战着为人师者的耐心、脾气，逼着老师们将严格与宽宥、严谨与灵活、严厉与温润、严肃与慈爱融汇得近于天衣无缝。好老师，注定是学生教出来的。不同的学生，各种教法。同学们无意中以自己做了“道场”，提升了老师们的学问和修养。

三谢同学们当年前来修业

天下阔宽，何处不有课室、书桌？学子各就所好，择其所学，定下了他和他的学堂、老师的学统相延、血脉相连。这是每个年轻人以信任和期待，将青春与人生托付于学堂和老师，最该恭谨致谢。惟有学子就学，方能成就教师之为教师的社会角色。文明之中，教书愈受尊崇，教师就愈该奉上一份谢意于座前学生。此其一。其二，弟子们前来，更是成就了为人师者的生命形态。教书固然为一项谋生的劳作，内里也是书生可以舒展生命的既定形态。其三，师者传道、授业、解惑，堪为天职。若非有同学们来执弟子礼，天职如何履践？夫子谓，“五十知天命”。书生之天命，惟在履践传道、授业、解惑之天职。弟子不来，天职旁贷；弟子不来，天命危殆。

同学们，毕业了，谢谢。谢谢同学们以学业成就了老师们，更以一己之轻微汇力于人类文明之辽远。

也是参赞化育。

李　琦

陶慈丁酉仲春作于厦门大学